Sonnen- und andere Seiten

Texte junger Menschen

und Lieder

Herausgegeben
vom
**FÖRDERKREIS KREATIVES SCHREIBEN
UND MUSIK e. V.**

Vorwort

Nach „**Wurzeln, Wege, Visionen**" (2001), „**Augen-Blicke**" (2002), „**Algebra unterm Regenbogen**" (2003), „**Nichts desto trotz**" (2005) legen wir nun die fünfte Anthologie „**Sonnen- und andere Seiten**" mit Texten junger Menschen vor.

Wir freuen uns, dass immer mehr junge Menschen uns ihre Werke anvertrauen. Frau Böhme hat die schwierige Aufgabe übernommen, aus der Fülle auszuwählen: unter „**Sonnen-Momente**" passten nicht allzu viele Texte, umso mehr für „**Halbschatten**", „**Nachtseiten**" und „**Schattengestalten**". Zum Ausgleich haben wir unter „**Blitz und Donner**" deshalb mehrere Texte von Tilman Lucke aufgenommen, in denen er satirisch mit den bedrängenden Fragen unserer Zeit umgeht.

Auch diesem Buch wünschen wir viele interessierte Leser und hoffen, dass vor allem Menschen mit größerem Abstand zu ihrer eigenen Jugendzeit die manchmal fast düsteren Texte mit Verständnis lesen im Wissen, dass **Humor** nicht unterrichtet werden kann, sondern erst beim Wachsen, Werden und Reifen sich vielleicht als „funkelndes Steinchen der Weisen" im Gemüt verankert und zu einem **Sonnen-Blick** auf die „**anderen Seiten**" verhilft.

Unser **herzlicher Dank** gilt

- den kreativen jungen Menschen
- den engagiert beteiligten Pädagogen Sabine Bethke-Bunte, Manfred Birk, Kerim Doosry, Dr. Elke Bleier-Staudt, Dr. Erhard Jöst, Dr. Peter Lucke und Bärbel Möller
- Ulrike Gierß und ihren jungen KünstlerInnen
- Ingo Herrmann für seine Unterstützung am PC
- **und ganz besonders unseren Spendern.**

Stuttgart, im Februar 2007   Brigitte Böhme   Gerda Herrmann
FÖRDERKREIS KREATIVES SCHREIBEN UND MUSIK e.V.

Der **FÖRDERKREIS KREATIVES SCHREIBEN UND MUSIK e.V.** wurde am 5. Februar 2003 gegründet. Das Finanzamt Stuttgart-Körperschaften hat bescheinigt, dass der Verein laut Satzung ausschließlich und unmittelbar steuerbegünstigten gemeinnützigen Zwecken dient, nämlich

a) Finanzierung der Veröffentlichung von Texten und Noten,
b) Durchführung von Schreibseminaren mit Schriftstellern und/oder Journalisten,
c) Planung und Durchführung von Veranstaltungen, in denen junge Autoren ihre Texte vor Publikum lesen und vertonte Texte musikalisch zu Gehör gebracht werden,
d) Verbesserung der rhetorischen Bildung und
e) Förderung junger Sänger und Musiker bezüglich der Interpretation vertonter Texte.

Unsere vierte Anthologie „Nichts desto trotz" wurde im April 2005 mit einer Lesung in der Stadtbücherei Stuttgart im Wilhelmspalais vorgestellt. Uraufführung des Titelsongs durch den Schulchor des Dillmann-Gymnasiums unter Leitung von Frau Carolin Burton. Am 21.4.2005 stellte das Elly-Heuss-Knapp-Gymnasium mit Herrn Dr. Jöst das Buch bei den „Heilbronner Jugendkulturwochen" vor. Am 22.10.2005 lasen einige AutorInnen im Rahmen der „Stuttgarter Kulturnacht" bei der Jugendinformation Tips'n'trips (mit dabei: Frau Möller vom Neuen Gymnasium Stuttgart-Feuerbach).

Im Dezember 2005 fand die vierte Lesung im Rahmen der „Stuttgarter Buchwochen" im Haus der Wirtschaft statt. Leider konnten wir diese schon Tradition gewordenen Lesungen im Jahr 2006 nicht weiterführen, da uns vom Börsenverein des Deutschen Buchhandels weder Zeit noch Raum eingeräumt wurden; die Argumentation der Ablehnung können wir bis heute nicht verstehen. Gerade diese jährlichen Lesungen hatten die Beteiligten aus Stuttgart, Sindelfingen, Herrenberg, Heilbronn, Neckarsulm und Neuenstadt zusammengeführt. Nicht nur die Jugendlichen, auch die zahlreich anwesenden Zuhörer – Eltern, MitschülerInnen, KollegInnen und unsere treuen SpenderInnen – konnten die vielseitige Ausstellung der „Stuttgarter Buchwochen" besuchen. Wir hoffen auf 2007!

Ein tröstlicher Ausgleich für die versagte Lesung im Haus der Wirtschaft war die Einladung der GENO-Akademie Hohenheim, dreimal für Seminarteilnehmer einen literarischen Abend zu gestalten. Die Resonanz bei den Zuhörern und ihre interessierten Fragen waren wichtige Erfahrungen für die Jugendlichen und machten allen viel Spaß. Mit dabei: Herr Birk vom Dillmann-Gymnasium Stuttgart und Frau Bethke-Bunte vom Eduard-Mörike-Gymnasium Neuenstadt..

Mehr Unterstützung wünschen wir uns von den Medien. Über jede „Untat" von Jugendlichen wird ausführlich berichtet, aber viel zu selten über Veranstaltungen, in denen junge Menschen zeigen, wie gut sie mit unserer Sprache umgehen können, auch wenn es nicht ihre Muttersprache ist.

Erschwert wird die Förderung der begabten SchülerInnen an den Schulen aber auch durch Lehrermangel. Immer wieder wurden Kurse im Kreativen Schreiben abgebrochen oder für mindestens ein Jahr ausgesetzt und es ist dann viel schwieriger, Interessierte wieder zusammenzubringen. Davon betroffen waren Frau Dr. Bleier-Staudt am Andreae-Gymnasium in Herrenberg und Herr Dr. Jöst am Elly-Heuss-Knapp-Gymnasium in Heilbronn.

Besonderer Dank gilt deshalb Herrn OStD Miller, der seit Jahren im Neuen Gymnasium Stuttgart-Feuerbach seine schützende Hand über der AG Krea von Frau Möller hält: Viele bleiben bis zum Abitur treu dabei und viele junge SchülerInnen kommen dazu (vgl. Projekt „Kleine AG Krea"). Herr Birk fördert im Dillmann-Gymnasium Stuttgart ebenso wie Herr Dr. Lucke im Albert-Schweitzer-Gymnasium Neckarsulm seit Jahren den begabten Nachwuchs. Frau Bethke-Bunte (Eduard-Mörike-Gymnasium Neuenstadt/Kocher) und Herr Doosry (Hohenstaufen-Gymnasium Göppingen) sind engagierte Verstärkung. Wir hoffen, dass Frau Dr. Bleier-Staudt als neue Leiterin des Kepler-Gymnasiums in Tübingen dort das Kreative Schreiben ebenso fördern kann wie in Herrenberg.

Viele unserer jungen AutorInnen können wir vorstellen. Einige Bilder erinnern an verschiedene Veranstaltungen seit April 2005. Dankbar beeindruckt sind wir von der „malerischen" Ergänzung durch das Staufer-Gymnasium Waiblingen Klasse 9.

Zur Weiterführung unserer Anliegen bitten wir herzlich
- um **Spenden** auf unser **Konto Nr. 654 254 028** bei der **Südwestbank AG Stuttgart, BLZ 600 907 00** und
- um **Kauf und Weitergabe unserer Bücher.**

Vielen Dank.

Für Frau Herrmann zum 75. Geburtstag
Ein Hoch auf das Geburtstagskind:
auf Botnangs Musenwirbelwind.
Sie sind im Kreise Ihrer Lieben
so ausgesprochen jung geblieben.
Wer so schön dichtet, komponiert,
im Hintergrund organisiert
und dabei nie den Mut verliert
und nie versäumt, Geld aufzutreiben
für uns vom Kreativen Schreiben,
soll kreativ noch lange bleiben.
Sie packten die Idee beim Schopf
als Gründerin, Mäzen und Kopf,
dass junge Menschen schreiben, dichten
moderne Verse und Geschichten,
was gut gemacht, nicht nur gemeint,
vereint in einem Buch erscheint.
Wie werben Sie für den Verein
und buttern selbst genug hinein!
Man trifft sich in Vereines Runde
an Herrmanns Tisch zur Kaffeestunde.
Wer sich anregen lässt und anregt
und stets die rechten Töne anschlägt:
So jemand muss man lange suchen.
Bei selbst geback'nem Träubleskuchen,
inmitten lauter lieber Lehrer,
da haben Sie's mal leicht, mal schwerer.
Wer sich so rundum glücklich weiß
im Freundes- und Familienkreis,
wer so viel Lieb' und Lob erfährt,
Frau Herrmann, lebt bewundernswert.
Der darf auch nehmen, nicht nur geben.
So gratuliere ich halt eben
zu Ihrem reich erfüllten Leben.
Ich wünsche weiterhin für Sie
Gesundheit, Muße, Poesie.
Drauf stoß' ich an mit einem Schlucke
Geburtstagswein, Ihr Peter Lucke

Sonnen-Momente

Die Großstadt (Haiku)

Zwei alte Damen,
Wohnen Haustür an Haustür,
Sind trotzdem allein.

Ruhige Plätze,
Spielende Kinder im Park,
Mitten in der Stadt!

Lärmende Autos,
Treibende Hektik, Massen,
Das Leben der Stadt.

Diebische Elster,
Unsere schwarz-weiße Pest,
Herrlich anzusehn!

Riese der Urzeit,
Ein Tyrannosaurus Rex,
Jetzt ausgestorben!

Von Gott gegeben,
Dass der Mensch sie erhalte,
Die Mutter Erde!

Eisige Kälte,
Nur Schneesturm, nur Eisberge,
Und Pinguine!

Duftende Rose,
Die schönste Blume der Welt,
Achtung, hat Dornen!

Ungern gesehen,
Leider immer auf Reisen,
Die Gartenschnecke!

Eleganter Schwan,
Ein Vorbild für die Menschen,
Sein Leben lang treu!

Kühe in Deutschland:
Milchlieferant Nummer eins,
Immer gefangen!

Ob bunt, ob kariert,
Bei Sammlern gern gesehen!
Er hat es nicht leicht

Sara Eiben (17), Andreae-Gymnasium Herrenberg

Du bist es

Du bist der Sonnenschein, der mir den Tag erhellt.
Du bist die Kraft, die mein Herz fliegen lässt.
Du bist die Freude, die mir das Leben versüßt.
Du bist die Freiheit, die meine Seele braucht.
Du bist die Liebe, die mich verändert.
Du bist die Eine, die ich nie vergessen werde.

Nathan Haezeleer (16), Dillmann-Gymnasium Stuttgart

Nur wegen dir

Schmetterlinge im Bauch,
Wattewolken im Herz,
Rosarote Brille im Haar.
Nur wegen dir.

Tanzend und singend
schwebe ich durch den Tag.
Sehe alles durch andere Augen,
durch deine Augen.
Nur wegen dir.

Ständig warte ich,
auf dich, auf ein Zeichen, ein Lächeln,
auf deine Aufmerksamkeit,
ich lebe und liebe
nur wegen dir.

Kann ich dich nicht sehen,
plagen mich Zweifel,
verfolgen mich Schatten.
Aber bist du dann bei mir,
scheint wieder die Sonne,
nur wegen dir.

Lisa Schüfer (16), Albert-Schweitzer-Gymnasium Neckarsulm

Glück

Es waren einmal zwei Sterne, die waren wunderschön. Sie drehten fröhlich ihre Runden auf ihren Laufbahnen und waren sich schon des Öfteren begegnet. Sie kannten sich nicht, und doch, sie erfreuten sich stets an der Schönheit des Anderen. Sie trafen sich immer für einen Tag im Monat, genau dann, wenn sich ihre Laufbahnen kreuzten.

Eines Tages fragte der eine Stern den anderen: „Wie alt bist du denn?" Da antwortete dieser: „Ich bin schon sehr, sehr alt. Ich habe meine Runde schon Tausende von Malen gedreht. Ich habe schon viele Sterne gesehen und ihre Schönheit bewundert. Ich habe erlebt, wie sie verschwanden, wie sie zerschmolzen oder explodierten. Es gibt nicht viel, was ich noch nicht erlebt habe."

„Zerschmolzen...?" Doch als der junge Stern seine Frage stellen wollte, war der alte schon wieder weg.

Einen Monat später fragte er schließlich: „Was heißt ‚zerschmolzen'?"

„Nun, wenn wir kleinen Sterne zu nahe an die Sonne kommen, dann kann es sein, dass wir flüssig werden, weil es uns zu heiß ist. Und dann sind wir weg. Aber hab keine Angst, so nahe wirst du der Sonne niemals kommen."

„Und du? Warst du schon mal in ihrer Nähe?"

„Ja, das war ich und ich sage dir, es war wirklich ernst. Ich wollte sie unbedingt mal aus der Nähe sehen, man hört immer so viel über sie. Doch dann kam ich ihr einfach zu nahe. Ich hatte Angst vor dem Zerschmelzen. Ich war zu naiv und einfach nicht vorsichtig genug. Glücklicherweise hat mich ein anderer Stern in seine Laufbahn gezogen und weggebracht. Ich bin ihm sehr dankbar."

Die beiden sprachen fortan über alle möglichen Dinge. Sie lachten miteinander, sie freuten sich aufeinander.

Es vergingen Monate und auf einmal fiel dem jungen Stern die Sonne wieder ein. „Die Sonne ... ich sehe sie immer nur in der Ferne. Hast du eigentlich mit ihr gesprochen? Ich habe gehört, sie sei sehr weise."

„Ja, das ist sie. Sie ist sehr klug und weiß auf alles eine Antwort."

„Nun sag, hast du sie etwas gefragt?"

Der alte Stern grübelte. Und während er noch darüber nachdachte, entfernten sie sich allmählich voneinander.

Der junge Stern war enttäuscht. Es dauerte schließlich noch sehr lange, bis er seinen Freund wiedersah. Er saß wie auf Kohlen, nichts Anderes interessierte ihn mehr. Und endlich. Da war er wieder. Doch irgendetwas war anders. Er strahlte nicht mehr so hell wie all die anderen Male, an denen sie sich gesehen hatten.

„Was ist denn los?"

„Ich habe sie gefragt, ob ich jemals wieder glücklich werden könnte", sagte der alte Stern, ohne auf die Frage seines jungen Freundes einzugehen.

„Warst du denn nicht glücklich?"

„Nein. Mein bester Freund, der mir Halt gegeben hat ... nun, er ist zerschmolzen. Ich konnte nicht mehr lachen, mich nicht mehr freuen, ich war immer traurig. Ich habe geglaubt, dass mein Leben keinen Sinn mehr haben könnte."

„Und was antwortete sie dir?"

„Sie sagte: ‚Ja, du wirst schon bald Dein Glück finden.'"

Der junge Stern dachte nach. „Sie hatte Recht. Ich habe nun endlich mein Glück gefunden." Mit diesen Worten verschwand der alte Stern wieder.

Als er im darauffolgenden Monat wiederkehrte, war er sehr schwach.

„Weißt du noch, was ich dir letztes Mal erzählt habe?"

„Ja. Aber ich verstehe nicht ganz ..."

„Du bist das Glück, das meinem Dasein fehlte. Seit ich dich kenne, kann ich wieder lachen und mich am Leben erfreuen."

Der junge Stern war zu Tränen gerührt. „Was ist denn los mit dir, wieso bist du so schwach?"

„Ich hatte ein erfülltes Leben. Ich bin alt und es wird Zeit für mich zu gehen."

„Wie meinst du das?"

„Ich werde bald verschwinden, ich werde explodieren. Ich werde zu vielen kleinen Sternschnuppen, werde Wünsche auf der Erde erfüllen und dann in Ruhe mein Ende begehen. Sei nicht traurig, kleiner Stern. Ich werde immer bei dir sein. Denk daran: Du bist mein Glück."

Der junge Stern weinte bitterlich. Als der alte Stern verschwand, glaubte er, seinen Freund nie wiederzusehen. Er dachte lange nach. Und während er so grübelte, traf er viele andere Sterne, die ihn zu trösten versuchten. Doch das nutzte nichts.

Eines Tages traf er einen ganz kleinen Stern, der sagte: „Als meine Mama explodierte, hat sie ganz vielen Menschenkindern Wünsche erfüllt. Sie sagte vorher immer, das sei der Sinn ihres Lebens – abgesehen von mir. Meine Mama hat die schönsten Sachen wahr gemacht, ich will das später auch einmal machen."

Auf einmal verstand der junge Stern, dass der Alte es nicht bedauerte, zu gehen, sondern dass er sich darauf freute. Er hatte sein himmlisches Glück schließlich schon gefunden, indem er ihn, den jungen Stern, kennenlernte. Aber auch das irdische Glück wollte er erfahren. In diesem Moment war der junge Stern glücklich und stolz und wollte nicht mehr traurig sein. Er freute sich auf sein eigenes Leben und darauf, dass er selbst einmal Wünsche erfüllen konnte. Plötzlich schien alles einen Sinn zu ergeben.

Als nun schließlich der Tag kam, an dem sie sich stets trafen, war der alte Stern nicht da. Einige Tage vergingen und der junge Stern begann wieder zu lachen. Und auf einmal passierte das Unfassbare: Der alte Stern war wieder da. Sein junger Freund war überglücklich und verstand nicht, wie ihm geschah.

„Was ... ich dachte ...?"

„Ich habe mich in eine andere Umlaufbahn schubsen lassen, ich wollte, dass du dabei bist und das Wunder miterleben kannst. Ich hoffe, du bist nicht allzu traurig?"

„Ich habe nun endlich verstanden. Ich wünsche dir alles Gute, alter Freund. Ich habe dich lieb."

„Ich habe dich auch lieb."

Der alte Stern entfernte sich ein Stück, zwinkerte zum Abschied und auf einmal zersprang er in viele kleine Teile. Der junge Stern war überwältigt von der Schönheit der entstandenen Sternschnuppen. Es war das Schönste, was er je gesehen hatte. Die Sternschnuppen leuchteten heller als jeder Stern und verbreiteten ein unbeschreibliches Gefühl.

Endlich wusste er, was Glück war.

Mira Präger (19), Fichtenau

Der Herr der Lüfte

Der Herr der Lüfte
Sein Reich ist die Unendlichkeit

Die Freiheit liegt ihm zu Füßen
Ebenso wie die Weiten des Horizonts

Sein Freund ist der Wind, der ihn trägt
Sein Feind ist der Sturm, der ihn mit sich reißt

Er gleitet vorüber an Wolken
Federweichen, schneeweißen Wolken
Sie sind ihm kein Hindernis

Er zieht über Täler und Ebenen
Vorbei an Städten und Dörfern

Er wird von den Leuten bewundert
Ihre Blicke richten sich auf ihn

Auch ein kleines Mädchen sieht zu ihm hoch
Sieht ihn als kleinen Punkt am Himmel

Er fliegt weg von ihr
Aus ihrer Reichweite fort

Eine Träne läuft ihre Backe hinunter
Denn er ist weg

Ihr wunderschöner, roter ...

Caroline Haro (14), Dillmann-Gymnasium Stuttgart

Näher als je zuvor

Dich schlafen zu sehen
Du kleiner Schatz
Ist als ob der Himmel
Die Erde küsst
Als ob Licht und Wasser
Zu einer Einheit würden
Und wie ein Strahl Sonnenlicht
Zum Firmament hinaufschweben

Über deinem schlafenden Körper
Bildet sich ein silbriges Licht
Das sich wie ein Kokon
Um dich schließt
Dich vor deinen Ängsten schützt

Die bittersüße Symphonie des Tages
Ist nun verstummt
Du lässt sie erleichtert
Hinter dir

Wie du so da liegst
So ruhig und unschuldig
Und doch schon so stark und beständig
Wie ein alter Baum

Da breitet sich in mir ein Gefühl aus
Ich fühl mich dir so nah
Näher als je einem Menschen zuvor
Und dass du kleines Wesen dies zulässt
Ist das schönste Geschenk
Das ein Mensch je bekommen kann

Asadeh Motejadded (17), Stiftsgymnasium Sindelfingen

Meine perfekte Form

Einsam stehe ich auf dir
Nebel umhüllt mich
Wie Watte
Ich seh kaum einen Sonnenstrahl

Doch breitet sich in mir
Seltsame Ruhe aus
Als wäre ich endlich
Angekommen

Ich werde ein Teil von dir
Werde zu Stein
Um für immer hier zu sein
Vergesse, was war

Verliebe mich in die Vögel
Die mich umkreisen
Liebe meine Einsamkeit
Und werde ruhiger

Es ist, als ob Kopf und Seele
Verschmolzen sind
Und in einer perfekten Form
Zueinander gefunden haben

Asadeh Motejadded (17), Stiftsgymnasium Sindelfingen

Begegnung auf den Klippen

Verschwunden. Nach vier Jahren, in denen es Höhen und Tiefen gab, verschwand er. Verschwand, als er den Schrein besuchte, um seine Ahnen zu ehren.

An jenem Morgen glitzerten noch letzte Tautropfen im Gras, bevor sie von der schon warmen Sonne zu sieden begannen. Er stand früh auf, um noch vor der Mittagshitze zurückzukehren. Er ging an jedem Ersten des Monats zum Schrein und bedankte sich oder bat um Beistand. Ich erwartete ihn sehnsüchtig, der Tag verging, aber er kam nicht zurück. Als der Mittag in den Abend überging, konnte ich nicht länger stillsitzen und machte mich auf den Weg zu der Gebetsstätte. Diese Stätte lag auf einer Klippe, die nicht zu steil, aber auch nicht zu eben war. Dazu kam noch ein starker Wind, der den Aufstieg erschwerte. Doch wie auf wundersame Weise, je näher man sich dem Klippenende näherte, begann der Wind nachzulassen, bis er schließlich ganz verebbte. Die Klippe ragte nicht sehr hoch in den Himmel, jedoch, wenn man auf der anderen Seite hinuntersah, blickte man in eine sehr tiefe Meeresbucht.

Oben angekommen sah ich zwar, dass er hier gewesen war, denn ein verglühtes Räucherstäbchen reckte sein verbranntes Köpfchen in die Luft, aber von ihm war keine Spur zu sehen. Ich wollte schon wieder den Abstieg wagen, da fiel mir etwas in der Nähe des Klippenrandes ins Auge. Eine Bastsandale lag verlassen im Gras.

Ich krabbelte auf allen Vieren vorsichtig an den Rand zu der Sandale. Und tatsächlich: Ich erkannte die Sandale wieder. Sie gehörte ihm. Das Schlimmste erwartend, schob ich mein Gesicht langsam über den Rand, die Augen zusammengekniffen. Ängstlich öffnete ich meine Augen und blinzelte in die Tiefe.

Das Erste was ich sah, war das tosende Meer, welches an der Klippenwand leckte und jedes Mal minimale Stückchen mit sich riss. Ich atmete erleichtert auf. Es gab keine Anzeichen, dass er hinuntergestürzt war. Jedoch blieb im selben Moment mein Blick an dem kleinen Vorsprung hängen, der ungefähr zwei Meter unterhalb in eine kleine Einbuchtung mündete, aus der zwei kleine Füßchen herausragten. Vorsichtig rief ich hinunter, ob da jemand wäre. Zuerst hörte ich die kleine zarte Stimme nicht, aber ich sah, wie die Füße zurückgezogen wurden und dafür ein kleiner Kopf mit einem schwarzen Haarschopf auftauchte. Dieser drehte sich, sodass man ein Gesicht mit schwarzen Knopfaugen sehen konnte. Dann stand dieses kleine Menschlein auf, darauf bedacht, nicht hinunterzufallen und streckte seine kurzen Ärmchen hinauf zu mir. Ich zog ihn hoch und schloss ihn in meine Arme. Ich wollte ihn nicht mehr loslassen, meinen kleinen Jungen, der für einen Tag verschwunden war.

Ursula Reinert (16), Dillmann-Gymnasium Stuttgart

Es gibt Tage

Es gibt Tage,
an denen ich fühle,
wie schön es ist zu leben,
sich zu freuen,
geboren zu sein.
Tage, an denen ich weine,
vor Freude
über das kleine Lächeln
eines Freundes.

Tina Schmitt (16), Albert-Schweitzer-Gymnasium Neckarsulm

Mein Hund

Ein Freund
bedingungslos und konstant

mit Elan und Kraft
ein Partner
um jeden Preis.

Olga Palmer (19), Eduard-Mörike-Gymnasium Neuenstadt

Der Sonne dankend

Im Licht der Sonne
stehen wir da –
was für eine Wonne,
sie scheint so nah!

Und doch so fern,
so fern von ihr.
Wie ein kleiner Stern
erscheint die Erde mir.

Denn die Sonne ist ein großer Planet,
der uns anzieht, wie ein Magnet.

Wir kreisen um sie herum –
sind einer von vielen –
doch ganz anders. Drum:
Wir sind einzigartig.
Wir wachsen und spielen,
lernen und studieren,
forschen und promovieren.

Doch sind wir abhängig von ihr,
denn sie gibt uns das Licht
und eröffnet uns so zum Leben die Sicht,
zu sehen das Treiben, und die Gier
zu leben und zu lieben.
Und das Glück, für uns selbst herauszusieben.

Olga Palmer (19), Eduard-Mörike-Gymnasium Neuenstadt

Das Leben – ein Traum?

Verliebt.
Ich schwebe auf Zuckerwattewolken.
Alles ist rosarot,
höre nur das Gurren von Turteltauben.
Das Leben – ein Traum!

Abserviert.
Ich versinke in Trübsinn und Trauer.
Alles vernebelt
mit dickem schwarzem Rauch.
Das Leben – kein Traum.

Oder ein Albtraum?

Glorianna Jagfeld (13), Dillmann-Gymnasium Stuttgart

Das Land, in dem der Frieden herrscht

Den Weg dorthin, kann ich nicht beschreiben.
Aber wenn man einmal dort war,
kann man mit ruhigem Gewissen sagen:
„Ich kenne den Frieden."
Ich wüsste nur zu gerne den Weg dorthin,
denn das Land ist wunderschön.
Ein Ort, an dem Frieden herrscht, ist nicht so selten.
Ein ganzes Land jedoch, ist einmalig.
Der Frieden persönlich begrüßt die Menschen jeden Morgen.
Er ist ein freundlicher Zeitgenosse.
Und wenn einer fragt:
„Frieden, wie komme ich in dein Land?"
Dann lächelt er und sagt:
„Immer, wenn du es nur stark genug willst."
Dann geht er weiter.
Viele haben versucht, den Weg zu sehen.
Ohne Erfolg.
Ich habe es auch versucht.
Aber das hier, ist alles, was ich weiß.
Der Weg, den man zu Fuß zurücklegen muss,
ist steinig und steil.
Man geht über viele Berge und fliegt lange über den Ozean.
Über welchen?
Ich weiß es nicht.
Und sollte ich es einmal herausfinden,
wird es sich schnell wieder ändern.
Denn der Frieden will nicht,
dass Böses in sein Land eindringt.
Jedes Mal, wenn ein Mensch den Weg
in das Land des Friedens herausfindet,
denkt er sich einen neuen Weg aus.
Wie kommt man dann überhaupt in dieses schöne Land?
Nun, wie der Frieden sagt:
„Wenn man es nur stark genug will."

Heike Koch (14), Neues Gymnasium Stuttgart-Feuerbach

Wolken

Wolken.
Weiß und schön.
Sie ziehen über mich hinweg.
Jede eine andere Form.
Mal sind sie strahlend weiß, mal dunkelgrau.
Ich liebe es, im Gras zu liegen und die Wolken
einfach hinwegziehen zu lassen.
Selbst an stürmischen Tagen schaue ich
vom Fenster aus zu
wie sie sich ineinanderschieben
oder sich wulstig, nein zornig
gegeneinander aufbäumen.
Zu jeder Jahreszeit zeigen sie sich anders.
Ein Himmel ohne Wolken wäre unvorstellbar
leer und kahl.
Wolken.

Franziska Olbrich (14), Neues Gymnasium Stuttgart-Feuerbach

Auf Wolkenbasis

In meinem Traum gibt es keinen Krieg. In meinem Traum scheint immer die Sonne, es ist nicht zu warm und nicht zu kalt. In meinem Traum gibt es keine Umweltverschmutzung, keine Abgase.

In meinem Traum halten die Leute noch etwas auf gute Manieren und Anstand. Steigen nicht für den Weg zum Bäcker um die Ecke in ihr Auto, denn dort gibt es keine Autos oder Flugzeuge. Dort geht man zu Fuß oder zu Pferd, wenn man denn eins besitzt. Die meisten Menschen in dieser Märchenwelt sind freundlich zueinander, natürlich nicht alle, denn sonst gäbe es auch keine Heldentaten, die ja für diese Welt bestimmend sind..

Aber davor haben die Bürger meines Traumes keine Angst. Sobald man sich von Straßenräubern, Drachen oder Erdrutschen bedroht fühlt, taucht, als wäre er vom Himmel gefallen, ein Held auf, der einen aus dieser Misslage rettet.

In meinem Traum braucht kein Mädchen lange auf Mr. Right zu warten, denn ihr Traumprinz wird sie schneller finden, als es ihr lieb ist. Dieser ist natürlich groß, gut aussehend, sportlich und hat zufälligerweise die gleichen Interessen wie seine Angebetete. Außerdem besitzt Mr. Traumprinz, wie erwähnt, die besten Manieren und den Heldenmut von fünfzig Männern der gegenwärtigen Welt.

Um auf den Punkt zu kommen: Mein Traum ist eben nur ein Traum und wird es auch immer bleiben.

Ursula Reinert (16), Dillmann-Gymnasium Stuttgart

Wirklich alles

Alles, was wir sehen,
alles, was wir fühlen,
alles, was wir mögen,
alles, was wir hören,
alles, was wir hassen,
alles, was wir schmecken,
alles, was wir kennen,
alles ist die Welt.

Christina Wolf (13), Neues Gymnasium Stuttgart-Feuerbach

Kieselsteine

Auf einem großen Platz
Liegen Kiesel
Neben Kieseln
Unter Kieseln.
Sie sehen alle
Gleich aus,
Bilden eine Einheit,
Und doch
Ist jeder einzelne Kiesel
Anders,

Wenn man
Ihn genau ansieht.
Und genau das
Macht den Unterschied
Zwischen Oberflächlichkeit
Und wahrer Liebe aus.

Carsten Dietzel (17), Neues Gymnasium Stuttgart-Feuerbach

Silber und Gold

Silbernes Mondlicht fällt leise
auf den tiefschwarzen See.

Von Tannen geborgen,
von Nacht umschlungen,
von des Mondes Lächeln sanft gewärmt,
von Lebenden gebraucht,
von Stille umarmt,
von Seelen gesucht und gefunden.

Von Zeit geprägt, unberührt.

Vom Winde sachte bewegt,
vom Feuer gefürchtet.
Von Erde geformt,
durch Wasser belebt.
Von Feen bewohnt,
von Menschen verlassen.
Aus Fantasien entstanden,
durch Märchen bewahrt.

Und die Zeit hört auf, stillzustehen.

Goldener Sonnenschein fällt leise
auf den kristallklaren See.

Bettina Brinkmann (17), Neues Gymnasium Stuttgart-Feuerbach

Hymne an die Sonne

Schön wie der Engel golden' Haar
Strahlend wie der Kinder lachende Augen
Warm wie der Erde innerer Kern
Nötig wie jedes Wesens Lebensatem!

Doch groß wie all das Schlechte,
welches wir ihr geben.
Dabei – wie wäre es nur,
ohne sie zu leben?

Sandra Reich (19), Neues Gymnasium Stuttgart-Feuerbach

Für dich

Lass mich dein kleiner Engel sein,
Dein ständiger Begleiter,
Eine Stütze und eine Leiter.
Die dich hält,
Damit kein Stern vom Himmel fällt.

Sandra Reich (19), Neues Gymnasium Stuttgart-Feuerbach

Elfchen

Verliebt
Viele Schmetterlinge
Schönes rotes Briefpapier
Deine Augen mich bezirzen
Liebe

David Len (15), Neues Gymnasium Stuttgart-Feuerbach

Leben im Ozean

Im Wasser
Es schwebt
Es lebt
Es bewegt sich
Leise
Langsam
Unberührt
Fröhlich schillernd
Bunt
Fisch im Ozean
  allein?
Schimmernder Fischschwarm

Jeannette Anniés (14), Neues Gymnasium Stuttgart-Feuerbach

Die Enttäuschung

In meinem Traum gehe ich einen sonnigen Wiesenweg entlang. Es ist warm. Ich biege um eine Kurve, da sehe ich mitten auf dem Boden einen Frosch sitzen. Vielleicht ist es ein verzauberter Prinz? Vielleicht sollte ich es ausprobieren, doch dann müsste ich ihn ja küssen, schießt es mir durch den Kopf. Ich will ihn mir näher anschauen, ob er eventuell quakt: „Küss mich, ich bin dein Traumprinz!" Aber ehe ich mich herunterbeugen kann, verwandelt er sich ganz von selbst. Ich bin so dankbar, dass sich dieser schöne Prinz für mich verwandelt hat, dass er mich angesehen hat und gedacht hat: Die gefällt mir! Er kommt mir entgegen, ich will mich in eine Umarmung fallen lassen, doch ich falle nur – auf die Schnauze.

    Der Prinz küsst ein Mädchen, das wohl hinter mir gegangen ist. Ich hatte sie gar nicht bemerkt, genauso wenig, wie die beiden mich jetzt. Ich setze mich auf – und auf einmal spüre ich mein Bettlaken unter mir.

Glorianna Jagfeld (13), Dillmann-Gymnasium Stuttgart

Wer bist du?

Wer bist du?
Der stets über mich wacht.
Wer bist du?
Der mich Nacht für Nacht bewacht.
Wer bist du?
Der mich tröstet, wenn ich weine.
Wer bist du?
Der mir Freude macht alleine.
Wer bist du?
Der meine Launen muss ertragen.
Wer bist du?
Der eine Jacke hat mit blauem Kragen.
Wer bist du?
Der Tag für Tag immer auf meinem Bette sitzt.
Wer bist du?
Der niemals etwas isst.
Wer bist du?
Du aus Stoff und Faden Genähter.
Wer bist du?

Du bist mein kleiner, süßer Teddybär.

Franziska Olbrich (14), Neues Gymnasium Stuttgart-Feuerbach

Ein Blick zurück

Ich sitze in meinem Zimmer. Mein Blick schweift über all diese Gegenstände, die, im Vergleich mit dir, wertlos erscheinen. Doch dann bleibt mein Blick an einer Ecke haften – es ist deine Ecke. Dort, wo du nun schon seit vielen Jahren deinen Stammplatz hast. Jedes Mal, wenn ich dich betrachte, fallen mir neue Dinge an dir auf, die mir gefallen. Du bist die Erinnerung an eine wunderschöne, unwiederbringlich vergangene Zeit.

Bin ich betrübt und schaue auf dich, so bessert sich meine Laune. Dein Anblick macht mich nicht nur froh, sondern erinnert mich an das Verlorene – eine zartbittere Erinnerung. Nur ein Missverständnis, und alles zerbrach, weil deine Hauptdarsteller den Wert der Freundschaft verkannten. Und auch du konntest mir nicht helfen, sie wieder aufzubauen. Trotz aller Zeiten, an denen ich dich am liebsten in eine Kiste gepackt und dich so völlig aus meiner Erinnerung gestrichen hätte, stehst du noch in deiner Ecke, und dort wirst du auch immer stehen bleiben. Wenn ich dich brauche, bist du da, wo ich dich zurückgelassen habe, und du hast mich noch nie verlassen.

Danke, dass du immer bei mir warst, egal wie ich dich manchmal gehasst habe. Du hast mich an eine schöne Zeit erinnert, die nun vorbei ist. Denn damals hätte ich mir nicht vorstellen können, ohne sie und ohne Freundschaft zu leben.

Doch nun weiß ich, dass es gehen muss – irgendwie. Und irgendwie habe ich es auch geschafft, nur mit Hilfe deiner Erinnerungen weiterzuleben. Denn wenn ich dich sehe, dann schaue ich auf zwei kleine Bilder, die man mit jedem beliebigen Fotoautomaten machen kann. Nur – diese Bilder sind nicht beliebig. Sie sind das Ergebnis einer aufwändigen Shoppingtour zu zweit. Am Ende war nicht mehr viel Geld übrig, denn alles haben wir für dich ausgegeben – und ich bereue es bis heute nicht, denn du bist jeden Cent wert.

Und dennoch bist du nicht vollkommen, denn du wurdest geteilt. Die verlorene Hälfte ist bei ihr, und du bleibst für immer bei mir. Ich weiß nicht, ob dein anderer Teil für sie eine genauso wichtige Rolle spielt wie du für mich, doch ich hoffe es aus tiefstem Herzen.

Nicht mal nach dir kann ich sie fragen, denn das würde wohl alte Wunden wieder aufreißen, die noch nicht vollständig geheilt sind und wahrscheinlich nie ganz heilen werden. Doch du bist und bleibst unsere einzige noch bestehende Verbindung.

Du zeigst uns durch deine Bilderwelt, wie wir früher waren. Wir haben gelacht, Grimassen geschnitten und uns kleine Küsse auf die Wange gedrückt, das alles kann man auch auf dir sehen. Danke, dass du mich an diese Zeit erinnerst, denn trotz allem möchte ich sie und dich nicht missen.

Katharina Kreppein (16) und Lisa Schüfer (16), Albert-Schweitzer-Gymnasium Neckarsulm

Sonne und Wolken

Ich sitze hier allein in diesem Park. Es ist ruhig. Aber auch ein bisschen bedrückend. Der graue Himmel trägt auch nicht unbedingt etwas Positives zur Atmosphäre bei. Aber nachdenken kann man hier! Ich verstehe einfach nicht, wie Herbert schon sterben konnte! Es kam so plötzlich. Ich weiß, es war nicht die Schuld des Autofahrers, doch ich mache ihm trotzdem Vorwürfe! Hätte er doch besser aufgepasst. Dann würde ich hier auch nicht allein sitzen, sondern zusammen mit Herbert. Es ist schon ein Jahr her, doch immer, wenn ich hier an unserem Platz sitze, kommen diese schrecklichen Erinnerungen in mir auf. Warum ist das nur uns passiert? Wir waren doch so glücklich! Was ist das? Die Sonne! Die Sonne habe ich seit Herberts Tod nicht mehr richtig wahrgenommen. Da kommt jemand auf mich zu. Doch ich erkenne nicht, wer es ist. Die Sonne blendet mich. Jetzt sehe ich das Gesicht. Die Person ist nun ganz nah. Mir wird warm ums Herz und die Sonne strahlt immer heller. Das alles erinnert mich an die erste Begegnung mit Herbert. Genauso haben wir uns kennengelernt. Aber die Person läuft einfach an mir vorbei und beachtet mich nicht. Jetzt schieben sich wieder dicke Wolken über die Sonne, und sie verschwindet wieder aus meinem Leben.

Julia Schübel (16), Albert-Schweitzer-Gymnasium Neckarsulm

Sturm und Drang

Wer lebt, der liebet,
wer liebt, der lacht:
Die Welt ist im Frühling
die göttliche Pracht.

Oh Sonnen, ihr Götter,
oh Gräser so klein.
Wie groß ist die Freude
am Leben zu sein!

Das Herz, das sich öffnet,
die Seele so frei.
Die Hoffnung der Liebe,
das Grünen im Mai.

Oh Sehnsucht nach Liebe,
nach Weite und Meer.
Wie kann ich dir folgen?
Ich will es so sehr!

Vom höchsten der Hügel
Schrei ich es heraus:
Wo bist du geblieben?
Wo bin ich zu Haus?

Es ist ein Verlangen,
ein Sturm wie ein Drang.
Ich werd' nicht aufgeben,
– mein Leben lang.

Ich hab es verloren
Und doch nie gehabt.
Mit solchen Gedanken
Am offenen Grab.

Zuweilen noch denk' ich
An Zeiten zurück
So voll von Gefühlen!
So voller Glück?

Theresa Winter (17), Emil-Fischer-Gymnasium Euskirchen

Sturm und Drang

Text: Theresa Winter
Musik: Gerda Herrmann © 2006

30

Mein geliebtes Spanien

Ich liebe dich für deine einzigartige Costa de la Luz,
mit ihren bekannten Hafenstädten Cádiz und Huelva.
Ich liebe dich für deine Stadt Toledo,
die alle drei Kulturen unserer Welt vereinigt hat.
Ich liebe deine Hauptstadt Madrid,
mit ihrer Plaza Mayor.
Ich liebe dich für deine Sprache,
die so voll von Leidenschaft ist.
Ich liebe dich für deine schöne Sierra Nevada und deine hohen Pyrenäen, die selbst im Sommer Schnee tragen.
Ich liebe dich für deinen Maler Picasso,
der seine Heimat Malaga in neuem Licht erstrahlen ließ.
Ich liebe dich für deine autonome Region Andalusien
und ihren Flamenco.
Ich liebe dich für deine leckere Paella und deinen guten Wein
aus Jerez de la Frontera.
Ich liebe dich für deine Metropole Barcelona,
mit ihren Gaudí-Gebäuden im Jugendstil.
Und
ich liebe dich für deinen Dichter und Dramatiker Federico Garcia
Lorca, dem ich jedoch mit dem Satz
„Der Spanier, der nicht in Amerika war, weiß nicht, was Spanien ist",
Recht geben muss.
Denn dafür hasse ich dich, hasse ich dich zutiefst:
für deine Kolonialisierung.

Natalie Mutschelknaus (18), Neues Gymnasium Stuttgart-Feuerbach

Herrn Moiceks Traum

Manchmal, wenn Herr Moicek in seiner kleinen, taubenblauen Küche sitzt und Kartoffeln schält, hört er plötzlich ein leises, entferntes Rauschen und ein kaum wahrnehmbarer Salzgeruch steigt ihm in die Nase. Herr Moicek hält inne und hebt den Kopf hoch. Ein paar Se-

kunden sitzt er unbeweglich da, seinen Blick in weite Ferne gerichtet. Er schaut zwar direkt auf die graue Tapete mit dem eingestanzten Blumenmuster, aber in seinen Augen spiegelt sich ein wogendes Blau.
Er scheint in das Blau einzutauchen, mit jeder Sekunde ein wenig mehr. Doch einen Moment, bevor die Wellen ihn vollkommen verschlingen und über ihm zusammenschlagen, schüttelt er schnell und ruckartig seinen Kopf und greift nach der nächsten Kartoffel. Langsam schichtet er eine Kartoffel nach der anderen in einem Topf auf und macht den Deckel zu. Er geht in die Garage und holt den Werkzeugkoffer, schüttet den gesamten Inhalt auf den Küchentisch, wischt den Koffer sorgfältig aus und räumt ihn wieder ein. Er bringt den Werkzeugkoffer zurück in die Garage, stellt ihn an seinen Platz im Regal und kehrt in die Küche zurück. Unschlüssig steht er vor dem sauberpolierten Gasherd. Alle Kartoffeln sind geschält, alle Zimmer gelüftet, alle Bücher sortiert. Langsam geht Herr Moicek zum Fenster, schiebt den Vorhang zur Seite, schaut hinaus, rückt den Vorhang wieder an seinen Platz. Der Hof ist immer noch in dasselbe Grau getränkt, der Himmel schickt endlose Regenfäden, die die Erde einspinnen wie eine Raupe. Herr Moicek seufzt und lässt die Schultern hängen. In seinen Augen nicht die geringste Spur von Blau.

Als Herr Moicek acht Jahre alt war, fand er beim Spielen am Bach gleich hinter dem Haus seiner Eltern ein kleines, blau lackiertes Segelboot. Es war sehr fein gearbeitet und hatte echte, winzige Stoffsegel. Von nun an war es ihm nie wieder langweilig.
An jedem Regentag, den er im Haus verbringen musste, stellte er das kleine Segelboot vor sich auf den Tisch, schaute es lange an und erfand abenteuerliche Geschichten, die alle eines gemeinsam hatten: Das Schiff war immer auf hoher See und er, er war auf dem Schiff. Als kleiner Junge war Herr Moicek an einem Tag Pirat, am andern Matrose und am häufigsten Kapitän.
Eines Tages kam seine Cousine Karla zu Besuch. Karla hatte eine Vorliebe für Sahnetorten mit Zuckerblüten und brachte jedes Mal ihr immens großes, mit allen Einzelheiten ausgestattetes Puppenhaus mit. Der kleine Herr Moicek verschwand, kaum dass er die Lackschuhe seiner Cousine draußen auf dem Asphalt klappern hörte, in sein Zimmer und holte das kleine, blaue Segelboot aus einer Kiste im

Wandregal, in der er es versteckt hielt. Dort war sein Boot bisher sicher aufbewahrt, doch an diesem Tag kam es anders. Gerade als er als Fischer in Alaska dabei war, ein riesiges Netz voller silberglänzender, sich windender Fische einzuholen, riss Karla die Tür auf und schreckte ihn aus seinen Träumen auf. „Was machst du denn da? Was ist das?", rief sie und grapschte mit ihren kleinen, dicken Fingern nach seinem Boot. „Gib das her!" Er war mit zwei großen Schritten bei ihr und versuchte, ihr das Boot aus der Hand zu reißen. In der folgenden Rangelei rutschte Karla das Segelboot aus den Händen und zersprang am Boden in hundert Einzelteile. Das war das erste Mal, dass Herr Moicek seinen Traum zerbrochen vor sich liegen sah.

Es ist Dienstag. Herr Moicek sitzt in seinem Ohrensessel und blättert in der Zeitung. Plötzlich hört er ein leises Klappern, das vom Hof durch sein halb geöffnetes Fenster dringt. Er seufzt, steht auf, geht zur Tür und öffnet seiner Cousine Karla die Tür. In der einen Hand eine riesige Sahnetorte, in der andern ihr winziges Handtäschchen, stöckelt sie ununterbrochen redend in seine Küche. „Was für ein Wetter! Seit Tagen regnet es nur noch, aber es soll ja gut sein für den Salat hat mir die Frau Koller erzählt, aber was die alte Schachtel sagt, naja, also mein Salat hat nicht gerade sein bestes Jahr. Die Frau Koller, ja, die hat gut reden, spritzt literweise Chemie in ihren Garten, aber da denke ich, nein, so etwas umweltschädigendes ..., es ist doch umweltschädigend, nicht wahr? Naja, also das habe ich nicht nötig." Sie läuft zur Arbeitsplatte und stellt die Torte mit einem Knall ab. „Ah, ich muss dir unbedingt noch etwas erzählen! Es geht um die Frau, die neben dir wohnt, wie hieß die doch gleich? Es geht da so ein Gerücht rum, dass der Musiklehrer von ihrem Sohn ... Sag mal, wo ist denn deine Kuchenschaufel?"
Als sie keine Antwort erhält, dreht sie sich um. Die Küche ist leer. Erstaunt geht sie in den Flur. Herr Moiceks Mantel und sein Autoschlüssel sind verschwunden.

Herr Moicek öffnet langsam die Augen. Ja, es ist noch da. Es ist kein Traum. Er ist wahrhaftig in sein Auto gestiegen und ohne Unterbrechung seit gestern Mittag gefahren. Wasser umspült seine nackten Zehen, die sich in den Sand eingraben. Eine Möwe stößt einen leisen,

entfernten Schrei aus und er riecht das Salz und die Algen, die an den Strand gespült worden sind.
Er blickt hinaus aufs Meer und es ist endlos und blau und frei. Die Wellen flüstern ihm ein Willkommen zu und er lächelt.
Herr Moicek sieht zum ersten Mal das Meer.

Anna Günther (18), Andreae-Gymnasium Herrenberg

Du bist

Du bist die Sonne nach einem langen, harten, klirrenden Winter,
die mich erhellt und die mir Wärme spendet.
Du bist die Verschnaufpause an einem hektischen Tag.
Du bist immer für mich da,
obwohl du Sehnsucht schaffend nie zu greifen bist.

Du bist eine tiefe Spur, die sich durch meinen Schnee zieht.
Du bist eine Belohnung für unsägliche Anstrengungen.
Du bist mein Ziel und gleichzeitig mein Weg.

Du bist das Augenzwinkern des Großen Bären
am nächtlichen Sternenhimmel.
Du bist jemand, an dem man tagtäglich etwas Neues entdecken kann.
Du bist meine Inspiration.

Du bist das wild brausende Meer, das an meine Küste rauscht.
Du bist der kleine Schubser, den ich oft so dringend brauche,
um meinen Motor in Gang zu bekommen.
Du bist mir ähnlich und ergänzt mich,
obwohl wir so viele Gegensätze bilden.

Du bist das Flüstern, das meine Seele aufhorchen lässt.
Du bist die schönste Ablenkung während der ganzen Woche.
Du bist jemand, der mich wirklich kennt.

Simone Wieland (18), Neues Gymnasium Stuttgart-Feuerbach

Geologische Landschaft

Ein dunkler Hügel
Unter bewölktem Gewölbe
Felsen wie Wächter
In diesem Augenblick
Könnte die Sonne
Die Wolkendecke durchbrechen
Sie zur Seite schieben
Bis der Rahmen nachgibt
Und sich das ganze Innenleben
Auf den Raum verteilt
Alles in seinen Bann zieht
Unaufhaltsam
In der Mitte ein goldener Altar:
Der sonnige Hügel

Marlena Plichta (17), Neues Gymnasium Stuttgart-Feuerbach

Bunt

Alles sind Farben:
Grün
Rot
Blau
Gelb
Braun
Orange
Pink
Lila
Beige
Oder Rosa
Und ohne sie wäre unsere Welt schwarz und weiß.
Und *Bunt* gäbe es nicht

Christina Wolf (13), Neues Gymnasium Stuttgart-Feuerbach

Herbstpoesie

Ein Übergang
Eine Zeit
Buntes Laub
Farbenfroh

Weder kalt, noch warm
War sie, als sie hereinbrach
Die Jahreszeit der Früchte

Rot und feurig, die Sonne
Als sie am Horizont stand
Am Ende des Tages

Nebel
Ein Tropfen
Der Regen
Herbst

Lazaros Ilonidis (18), Neues Gymnasium Stuttgart-Feuerbach

La beauté d'hiver

La beauté de ce temps
elle peut être inhalée avec une intensité
De sorte qu'il endommage à l'intérieur
Et on ne peut pas assez recevoir
Son odeur affecte chaque haleine du temps

Chaque coup d'œil aspire à cette beauté
Impossible, fermer les yeux
Des petits cristaux laissent fractionner la lumière
Dans ses fragments l'embrasse l'unité de la couleur

Le froid colle sur la langue
Et laisse le goût sans pareil
Du caractère éphémère qui est passé

Comme une couche m'enveloppe le froid
Me conserve dans ma solitude

Sa silence est ma mélodie plus intime

La beauté d'hiver

Die Schönheit des Winters

Die Schönheit dieser Zeit
Lässt sich mit einer Intensität einatmen
Sodass es einen innerlich schmerzt
Und man doch nicht genug von ihr kriegen kann
Ihr Duft berührt jeden Atemzug dieser Zeit

Nach dieser Schönheit sehnt sich jeder Augenblick
Der weder vorbei, noch abgewendet sein will
Kleine Kristalle lassen das Licht zersplittern
In seinen Scherben umarmt es die Einheit der Farbe

Die Kälte klebt auf der Zunge
Und hinterlässt den einzigartigen Geschmack
Nach verfließender Vergänglichkeit

Wie ein Mantel umhüllt mich die Kälte
Bewahrt mich in meiner Einsamkeit

Ihre Stille ist meine vertrauteste Melodie

Die Schönheit des Winters

Helga Kiefer (17), Neues Gymnasium Stuttgart-Feuerbach

Welch wunderbare Welt

Ich ging im Park spazieren und schaute auf die Welt.
Über mir erhoben sich die Bäume und
in voller Farbenpracht leuchteten ihre Kronen rot und gelb.
Mir blies der herbstliche Wind ins Gesicht und
mit zusammengekniffenen Augen blickte ich auf das umherfliegende
Laub, das sich in die Luft erhob und
wild tanzte und
doch so wunderschön,
sich bewegte im bestimmten Takt ohne Sinn und
doch mit so viel Reiz.
Die Luft war kühl und
doch nicht kalt,
denn die Sonne schien auf mein Gesicht und
wärmte es mit wohliger Kraft, die von Herzen zu kommen schien und
ich schaute auf die Kinder, die versuchten, ihre Drachen steigen zu
lassen und
es schafften und
übermütig lachten über ihren Erfolg und die Wiese entlang rannten,
so unendlich glücklich.
Ich lief dann weiter aus dem Park und
entdeckte einen bunt geschmückten Stand für Halloween und
blickte auf die Leute, die da standen und
guckten und
lachten, so unglaublich ausgelassen schienen und
eine wärmende Kürbissuppe aßen und
sie genossen in vollen Zügen und
die Wärme in sich wirken ließen und
die Welt beschauten mit so viel Liebe und
so viel Zuneigung, dass es fest zu spüren war.
Und ich lief weiter über die bunt gesäumte Allee und
sah mich um und
dachte mir, in welch wunderschöner Welt wir leben.

Christina Wolf (13), Neues Gymnasium Stuttgart-Feuerbach

Morgen

Sie schaut aus dem Fenster.
Die Sonne scheint, und der Himmel hat eine wundervolle Farbe.
Aber es sind noch nicht viele Menschen auf der Straße unterwegs.
„Kein Wunder", denkt sie, „um diese Uhrzeit."
Es ist sehr früh am Morgen und die Sonne geht erst auf.
Aber sie weiß, dass die frühen Morgenstunden, die schönsten am Tag sind.
Wenn die Vögel aufwachen und die Luft noch kühl ist.
Wenn das Gras noch von Tau bedeckt ist und alles ruhig ist.
Dann fühlt sie sich wohl.

Heike Koch (14), Neues Gymnasium Stuttgart-Feuerbach

Wenn ich dich nicht hätte

Da sitzt du vor mir. Schaust mich an mit deinem treuherzigen Blick, der mich durchdringt und freundlich stimmt. Dir könnte ich zuschauen Tag und Nacht. Gutmütig und sanft lächelst du mich mit deinen warmen Knopfaugen freundlich an. Dein wunderbar weiches Fell lädt mich zum Streicheln ein. Goldig wiegst du dein Köpfchen hin und her, deinem Blick kann niemand widerstehen. Jeder der dich sieht, wird weich und schwach. Mein Herz hängt an dir. Du bist zwar klein, aber in meinem Herzen nimmst du den ganzen Platz ein. Für mich bist du lebendig, du bedeutest mir so viel. Für mich bist du mein bester Freund. Du stehst auf dem Regal, direkt vor meinem Tisch. Jedes Mal, wenn ich aufblicke, schaue ich zu dir. Immer wenn ich Hausaufgaben mache und auf eine Arbeit lerne, kann ich auf deine moralische Unterstützung hoffen. Nur deinetwegen gebe ich nicht auf!

Wenn ich außer Haus bin, vermisse ich dich. Du bist zwar klein, aber doch zu groß und wertvoll, als dass ich dich überall hinnehmen kann. Zuhause aber kann ich dir alles erzählen, ich kann dir voll vertrauen, du hörst mir immer zu, plauderst nie ein Geheimnis aus. Für mich bist du immer da. Bin ich traurig, kann ich dich drücken, so oft es mir beliebt, und nie bist du wütend auf mich. Nie lässt du mich allein, bist mir treu. Wir sind eins. Wir gehören zusammen wie Sommer und Sonne. Zusammen gehen wir durch dick und dünn, zusammen sind wir stark. Danke für alles. Ich liebe dich, Brummi. Du ..., mein Teddybär.

Lukas Görtz (14), Albert-Schweitzer-Gymnasium Neckarsulm

Lange Schatten

Lachen
Nichts
Ich gehe durch die Straßen
Alleine
Kein Mensch ist in der Nähe
Und doch höre ich ein Lachen
Woher kommt es?
Ich schaue mich um
Nichts
Angst macht sich in mir breit
Ein ungutes Gefühl
Plötzlich sehe ich einen langen Schatten
Ein Mann läuft hinter mir
Er schaut mich so komisch an
Da an der Ecke eine Frau
Auch sie schaut mich an
Was ist los mit mir?
Plötzlich tönt eine Sirene
– mein Wecker
Und
Ich wache auf

Silke Steinbrenner (14), Dillmann-Gymnasium Stuttgart

Halbschatten

Mysterium

Man kann ihn
von allen Seiten umrunden
und doch nie ganz sehen;
von oben bis unten erkunden
und doch nie verstehen;
studieren, erforschen, berechnen –
doch keine Formel passt ganz genau;
den Menschen –
aus ihm wird man einfach nicht schlau.

Theresa Winter (17), Emil-Fischer-Gymnasium Euskirchen

Festgefahren kontra Lebenswege

Festgefahren
Wir fahren
In immer den gleichen
Bahnen.

Neu ist
Was vor zehn Jahren
Zum wiederholten Mal
Neu entdeckt wurde.

Neue Gedanken?
Alle schon mal gedacht.
Neue Erfahrungen?
Alle schon mal gemacht.
Neue Wege gefunden?
Alle schon einmal gegangen.

Selbstmorde?
Schon Millionen begangen.

Theresa Winter (17), Emil-Fischer-Gymnasium Euskirchen

Liebeselfchen

Rot
Dein Gesicht
Es ist peinlich
Ich leide unter dir
WAHRHEIT

Vanessa Krüger (15), Neues Gymnasium Stuttgart-Feuerbach

Heiraten macht Spaß (meistens zumindest)

Braut und Bräutigam stehen sich vor Pfarrer und Altar gegenüber, während der Pfarrer seine Rede hält, um die beiden zu vermählen, fängt die Frau an zu flüstern.

Pfarrer: „Wir haben uns hier vor Gott versammelt, um diese beiden Menschen ..."
Braut (*flüstert*): „Ich liebe dich."
Bräutigam (*leise*): „Ja, mein Schatz."
Braut (*mit Nachdruck*): „Mehr hast du nicht zu sagen? ‚Ja, mein Schatz?' Ist das alles?"
Bräutigam (*genervt*): „Mäuslein bitte, nicht jetzt! Du bringst ihn noch völlig aus dem Konzept."
Pfarrer (*räuspert sich tadelnd*): „Die Wege des Herrn sind unergründlich, doch diese beiden Menschen haben sich gefunden, um ihr Schicksal zu vereinen ..."
Braut (*verärgert, aber leise*): „Na, das fängt ja toll an! Wir heiraten gerade und du kannst mir nicht einmal deine Liebe gestehen? Liebst du mich denn überhaupt nicht? Oder nur, weil mein Vater Vorstand bei Daimler ist?"
Bräutigam (*streng*): „Schatz, ich denke nicht, dass das jetzt der richtige Zeitpunkt für solche Diskussionen ist. Lass ihn doch endlich in Ruhe seine Rede halten."
Braut (*mit gedämpfter Stimme*): „Ok, ok, ist ja schon gut. Ich hab da irgendwie überreagiert, lass uns heiraten."

Der Bräutigam nickt und der Pfarrer schaut die beiden erleichtert an.
Braut (*flüstert*): „Tut mir Leid wegen gerade eben, war nicht so gemeint."
Der Bräutigam bleibt stumm.
Braut (*leise*): „Ich wollte dir wirklich keinen Vorwurf machen, aber ich wollte wissen, woran ich bei dir bin."
Bräutigam (*energisch*): „Wir heiraten gerade und du fragst dich, woran du bei mir bist? Das ist doch lächerlich!"
Braut (*beleidigt*): „Lächerlich? Du findest mich lächerlich?"
Ihre Stimme wird leiser und sie unterdrückt die ersten Tränen.
Bräutigam (*tröstend*): „Nein, ich finde nicht dich lächerlich, sondern die Frage. Es ist doch klar, dass ich dich liebe, warum sonst würde ich dich dann gleich heiraten?"
Braut (*leise rümpfend*): „Wirklich? Liebst du mich wirklich?"
Bräutigam (*langsam ungeduldig*): „Ja doch, Schatz. Natürlich liebe ich dich!"
Pfarrer: „... und es gibt nichts, was eine solche Verbindung trennen kann, denn sie wurde von Gott geschaffen und nur Gott selbst kann diese Verbindung ..."
Braut (*kleinlaut*): „Und warum hast du dann vorhin diese Luisa so angehimmelt?"
Bräutigam (*sichtlich genervt*): „Ich habe sie nicht angehimmelt, ich habe sie nur angelächelt, weil ich mich vorhin gut mit ihr unterhalten hatte."
Braut (*eifersüchtig, dann lauter*): „Gut unterhalten? Ach, so nennt man das heute! Du bist mir ja nicht mal treu, wenn wir gerade mal verlobt sind! Wie wird das dann in zwei Jahren aussehen?"
Bräutigam (*energisch*): „Hör jetzt auf zu nerven!
Braut (*gleichgültig*): „Ich glaube, wenn wir damit hier fertig sind und ich mich scheiden lasse, bekomme ich das Haus."
Pfarrer: „Und so frage ich dich Helmut, willst du Annika zu deiner Frau nehmen und sie ehren und lieben, bis dass der Tod euch scheidet?"
Bräutigam (*hat den Satz des Pfarrers nicht mehr gehört und ruft*): „NEIN! Das Haus bekomme ich!!!!!"

Nathan Haezeleer (17), Dillmann-Gymnasium Stuttgart

AG Kreatives Schreiben Neues Gymnasium Stuttgart-Feuerbach: oben von links nach rechts: Jeannette Anniés, Vanessa Krüger, Serena Devona, Lazaros Ilonidis, Bärbel Möller (Leiterin); unten: Verena Essinger, Heike Koch, Carmen Schimmele, Franziska Olbrich, Christina Wolf (Foto: Heike Koch)

AG Kreatives Schreiben am Dillmann-Gymnasium Stuttgart: von links: Manfred Birk (Leiter), Ursula Reinert, Glorianna Jagfeld, Anita Armbruster, Max Demel, Josina Herding, Caroline Haro, Nathan Haezeleer, Hanna Kim, Silke Steinbrenner

Schreibkurs 06/07 Eduard-Mörike-Gymnasium Neuenstadt/Kocher
von links: Nathan Gröber, Simon Fäßler, Monica Bieg, Irina Schumski,
Havva Keskin, Juliane Roos

Literaturkurs Eduard-Mörike-Gymnasium Neuenstadt/Kocher
von links oben: Danica Gerhardt (verdeckt), Sabrina Fischer, Kira Sagner, Sabine
Bethke-Bunte (Leiterin), Sarah Fath, Olga Palmer; unten: Olivia Kobiela, Andreas
Miller, Andreas Schellhaas, Oliver Schwab, Olaf Diehl

Albert-Schweitzer-Gymnasium Neckarsulm: oben von links: Nicole Schädel, Nicole Varga, Lisa Schüfer, Christa Walter, Lukas Görtz; unten: Magdalena Görtz, Eleni Ntokalou, Tina Schmitt, Katharina Kreppein, Flavia Schadt, Dr. Lucke (Leiter)

Elly-Heuss-Knapp-Gymnasium Heilbronn: Dr. Erhard Jöst, Patrick Henze, Jeannette Higiro und Leonie Häußer (Chefredakteurinnen der Schüler-Zeitung „Elysia")

Andreae-Gymnasium Herrenberg:
Thomas Csecselics, Dennis Honold, Anna Günther, Ercag Duymaz

AG Kreatives Schreiben Hohenstaufen-Gymnasium Göppingen:
von links: Alexandra Fölker, Marina Mack, Lena Haidle, Vivien Hentschel,
Lisa Silvester (Leiter: Kerim Doosry)

Lesungen in der GENO-Akademie Stuttgart-Hohenheim am 18. und 25.10.2006: Buchverkauf und „Signier-Stunde" nach der Lesung (Fotos: Manfred Birk)

Lesung am 7.12.2006: Monica Bieg, Simon Fäßler, Sabine Bethke-Bunte, Irina Schumski (von hinten) EMG Neuenstadt/Kocher (Foto: Corina Fischer, GENO)

Theater-AG des Dillmann-Gymnasiums nach der Aufführung von **Lysistrate & Co** „frei nach Aristophanes" am 21. 3. 2006 in der Dillmann-Sporthalle

Mira Präger

Melina Böhme und Asadeh Motejadded bei der Lesung in der Stadtbücherei Stuttgart im Wilhelmspalais am 17. 4. 2005 (Foto: Meike Lohmann)

Melina Böhme   Alisa Böhme
Wirtemberg-Gymnasium Stuttgart-Untertürkheim

Theresa Winter

Tilman Lucke bei der Lesung in der Stadtbücherei Stuttgart im Wilhelmspalais am 17. 4. 2005 (Foto: Meike Lohmann)

Die Schwarzseher

Ihr macht euch Gedanken
Wie soll das nur werden
Die Arbeitsplätze schwanken
Da helfen nur Beschwerden

So fristet ihr eure Tage
Und brütet vor euch hin
Schließlich gibt es Grund genug zur Klage
Ist das euer Lebenssinn?

Die Welt ist schlecht
Das ist schon klar
Ihr erinnert euch recht,
wie's früher war.

Da war der Himmel noch blau
Den ganzen Tag nur Sonnenschein
Aber das wisst ihr genau
So gut wird's nie mehr sein

Aber ich halt' jetzt dagegen
Bedeutet denn jeder Regen
Euren baldigen Untergang?

Das Leben ist schön
Ihr werdet schon sehen
Macht die Augen endlich auf
Dann wird das Schwarze vergehen.

Danica Gerhardt (19), Eduard-Mörike-Gymnasium Neuenstadt

Die Klassenarbeit

STILLE
Ein Rascheln
Vorsichtig schreibe ich einen Satz nieder.
Meine Backen fühlen sich an wie Lava,
brennend und feuerrot wie mächtig auflodernde Flammen
in einem Winterkamin.

Schmerz
Meine Hand
Mit jedem niedergeschriebenen Buchstaben
scheint sie immer schwerer zu werden.

Aufregung
Mein Kopf
Sie überflutet mein Gehirn
und löscht Erinnerungen, Wörter, Buchstaben ...

STILLE
Schwer
Eine bedrückende Atmosphäre.
In der Luft liegt ein Druck,
der mich niederzupressen scheint.

Ein Husten
Erstickende Luft
scheint mir den Atem zu nehmen

Bum, bum
Mein Herz
Sein Klopfen wird mit jedem Mal so heftig,
dass es aus dem Brustkorb zu springen droht.

STILLE
Diese Stille
Sie treibt mich noch in den Wahnsinn.

Die Angst
Die Angst, etwas falsch zu machen;
die Angst, zu versagen;
die Angst, jemanden zu enttäuschen
und die Angst, mich selber zu enttäuschen

Die Wut,
nicht alles zu können
Die Wut,
unkonzentriert zu sein.

HILFE!!!!!!
Ein lauter, innerlicher Schrei.
Doch es herrscht STILLE

Serena Devona (15), Neues Gymnasium Stuttgart-Feuerbach

Das Menschsein

Schillernde Krönung der Schöpfung, der Mensch.
Wohlgestaltet in Körper und Geist.
Er nennt sich oft kultiviert, gebildet.
Macht ihn das aus, den Menschen?

Liebe geben, Zärtlichkeit schenken.
Freudig sein, das Glück aufsaugen.
Ein Privileg des Menschen?

Zerstörung schaffend. Leid vermehrend.
Quälen, töten.
Eine Unart des Menschen?

Der Mensch, beschützend und hütend, ein Privileg.
Fehler machend, ein Makel.
Der Mensch.

Sarah-Maria Fath (18), Eduard-Mörike-Gymnasium Neuenstadt

Unverwechselbar

An einem Freitagabend im Oktober, als sich die meisten Menschen müde nach dem Wochenende sehnten, die Jugend sich dem bunten Treiben der Nacht hingab (d.h. sich in Diskotheken rumtrieb!), versammelte sich eine Gruppe prädestinierter Kunstkenner in der Tucholskygasse 21. Anlass war eine eigens für jene Persönlichkeiten veranstaltete Ausstellung zu Ehren Pablo Picassos 125. Geburtstag.

An diesem Abend also war auch Herr Gallmeier, ein renommierter Advokat und engagierter Gemeinderatsvorsitzender, unter den Anwesenden. Herr Gallmeier war aber nicht irgendein Anwesender! Nein (!), Herr Gallmeier hob sich von allen anderen Besuchern der Ausstellung ab! Warum? Neben den Paragrafen war die Kunst – Picasso – seine größte Passion und so ist es nicht verwunderlich, dass er über jedes der ausgestellten Werke etwas zu berichten wusste.

Kein Bild war vor ihm sicher. Er zog Picassos Bilder aus, entblößte sie, faltete ihre Symbolik zusammen wie einen Pullunder bis jeden, wirklich jeden der anwesenden Zuhörer die nackte Erkenntnis überwältigte und ein erstauntes „Oh" den Raum erfüllte. Er strahlte eine Selbstsicherheit und Souveränität in seinen Ausführungen über Picassos unverwechselbaren Malstil aus, wie Klementine beim Wäsche waschen. Dabei vergaß er aber nie eine gewisse Nonchalance zu wahren.

Natürlich waren unter seinen Zuhörern auch andere Fachkundige, die seine Worte mit wissendem Nicken quittierten und sich gegenseitig zustimmende Blicke zuwarfen (schließlich erzählte Herr Gallmeier ihnen nichts Neues! Er war ja einer von ihnen!)

Im Anschluss daran stärkte man sich am Buffet mit kleinen Lachshäppchen und einem Glas Champagner (oder zwei, oder drei ... war ja umsonst!) tauschte sich über dies und jenes (mein Haus, mein Auto, meine Jacht) aus, schüttelte Hände und setzte ein charmantes Lächeln auf.

Um 22 Uhr jedoch beschloss Herr Gallmeier, die Tucholskygasse zu verlassen und nach Hause zu seiner migränegeplagten Frau zu gehen.

Um 24 Uhr verließ er die Tucholskygasse 21 schließlich, ein kleines Plakat mit der Aufschrift „Kultura e.V. lädt am 25. Oktober 2006 zum 125. Geburtstag Pablo Picassos ein! Nachwuchskünstler stellen eigene Werke in unverwechselbarem Picasso-Stil vor! (21.10.06: Geschlossene Gesellschaft)", hinter sich lassend – einsam im kalten Mondschein.

Olivia Kobiela (19), Eduard-Mörike-Gymnasium Neuenstadt

Rêves

Il y a des gens qui rêvent d'être heureux,
Mais qui n'ont pas le courage de les réaliser.
Il y a des gens qui vivent leurs rêves,
Mais qui n'y croient pas.
Il y a des gens qui luttent pour leurs rêves,
Mais qui luttent contre des montagnes.
Et il y a des gens qui meurent pour leurs rêves,
Sachant que c'est leur destinée de mourir
Pour ce qu'ils rêvent de vivre.

Nathan Haezeleer (16), Dillmann-Gymnasium Stuttgart

Ein Tauchgang, zwei Freunde & 'ne ganz knappe Sache

"He, aufwachen Schlafmütze! Sind wir zum Tauchen hier oder was?" Sabine zuckte zusammen und knallte schmerzhaft mit dem Ellbogen gegen eine Pressluftflasche. "Nur keine Hektik Chris", meinte sie mit einem Kopfnicken zu dem jungen Mann, der gerade emsig damit beschäftigt war, seine Ausrüstung zusammenzubauen und vor lauter Vorfreude auf den bevorstehenden Tauchgang das Tarierjacket falschrum an seine Flasche schnallte. Sabine streckte sich schmunzelnd. Wie sie bei der ratternden Fahrt über die Straßen von Malta, die allesamt voller Schlaglöcher waren, eingeschlafen war, konnte sie sich beim besten Willen nicht erklären. Ein letztes Mal blickte die junge Frau in die Gruppe Taucher, von denen sich die meisten gerade in ihre Neoprenanzüge quälten. Sie selbst erledigte die nötigen Handgriffe rasch und schwamm zehn Minuten später mit Chris und den anderen durch das von der Dünung aufgewühlte Wasser. Die Sonne stand noch immer niedrig über dem Horizont. Es konnte nicht später als halb acht sein. Der Führer des Tauchgangs, ein Mann um die vierzig, zeigte mit dem Daumen nach unten. Die Gruppe ließ sich langsam sinken. Sabine sah den sandigen Grund schnell näherkommen und schlug ein paar Mal mit den Flossen, um den Boden nicht aufzuwühlen. Neben sich hörte sie Chris' zischende Atemzüge. Beide genossen die Schwerelosigkeit unter Wasser.

Sie befanden sich bereits auf dem Rückweg, als Sabine auffiel, dass es inzwischen sehr viel schwerer geworden war, gegen den starken Wellengang anzuschwimmen. Gerade zog sich die junge Frau an einem Felsbrocken voran, um nicht abgetrieben zu werden, als die nächste Welle sie mit unbändiger Kraft nach hinten warf. Vor Schreck öffnete sie den Mund, um zu schreien. Wie in Zeitlupe sah sie ihren Lungenautomaten neben sich im Wasser treiben, spürte, wie das Wasser, als sie erneut nach Luft schnappte, in ihre Lungen strömte und dort brannte wie Feuer. Sabine ruderte mit den Beinen. "Sauerstoff!!" Verbissen kämpfte sie gegen den Atemreflex. Ihr Freund fiel ihr ein, der in Deutschland saß, wo sie sich im Streit getrennt hatten. Ob es für eine Versöhnung schon zu spät war? Ihre Schwester, die noch gesagt hatte, sie solle auf sich aufpassen. Sie dachte an das große, gemütliche Haus, in dem sie ihre Kindheit verbracht hatte.

Im Kampf um ihr Leben behielt der Drang nach Luft die Oberhand. Sie atmete ein. Wasser tötet grausamerweise nicht sofort, das wusste sie. Vier Sekunden lang sog sie Salzwasser ein und stieß es wieder aus, ohne dass ihr Körper bekam, wonach er verlangte. Ringsumher sah Sabine winzige Lichtpunkte glühen. Nie im Leben hatte sie so etwas Schönes gesehen ...

"Beweg dich verdammt noch mal! Atme!!!" Chris arbeitete mechanisch, immer in der gleichen Abfolge. Herzmassage, Beatmung, Herzmassage, Beatmung ... Die Umgebung war für ihn verblasst, hatte sich auf den Sandstrand, seine schmerzenden Hände und sein Ziel reduziert: Leben zu retten. Doch Sabine unter ihm rührte sich nicht. Ihre Hände lagen schlaff neben ihrem Körper, die Sonne beschien ihr bleiches Gesicht. "Totenbleich", dachte Chris und wandte sich ab. Er versuchte, zu weinen, dass es ihm nicht gelang, um sie zu trauern, war ihm zuwider. Der Rest der Gruppe stand um sie versammelt. In Chris' Gedanken stahl sich ein merkwürdiges Geräusch.

Ein Kratzen und Schaben und dann ... "Sie lebt!" Er fuhr herum. Sabine versuchte sich aufzusetzen und spuckte Wasser. Irgendwann, nach Minuten oder Sekunden, lag sie röchelnd am Strand und sog gierig Luft in ihre Lungen. Eine andere Frau aus der Gruppe stützte sie. "Ein Arzt ist unterwegs. Du hattest großes Glück, dass Chris dich hochgezogen hat." Sabine lächelte und freute sich auf ihren Freund. Das große Haus, ihre Kinderstube kam ihr ins Gedächtnis. "Ich bin lange nicht mehr dort gewesen. Wir könnten zusammen hinfahren", dachte sie.

Vivien Hentschel (13), Hohenstaufen-Gymnasium Göppingen

Liebe

Wenn sie an ihre Großmutter denkt, weint sie. Mit anderen kann sie kaum über ihre Gefühle für diese Frau sprechen, ohne dass ihr heiße Tränen über die Wangen laufen. Sie kann nur wenige Worte äußern. Spräche sie weiter, spräche sie mehr, müsste sie weinen. Über ihre Tränen würde sie nachdenken, doch erst nachdem die sichtbare Scham aus ihrem Gesicht verschwunden wäre. Und denkt sie nach, weint sie wieder.

Sie liebt diese Frau, alles würde sie für sie tun, alles tut sie für sie.

Ihre Großmutter kann nicht mehr aus dem Bett ohne Hilfe. Ihr Körper zu schwach. Die Beine und Füße nicht mehr fähig zu laufen. Der Rücken kein Halt mehr. Sie hat Schmerzen. Die Enkelin kann sich nicht vorstellen, dass irgendjemand noch größere Schmerzen hat. Gehabt hat. Haben wird.

Was die Enkelin empfindet, ist schwerlich Mitleid, es ist Trauer. Eine Trauer, die schwer auf der Enkelin lastet.

Jedes Mal, wenn sie an die Schmerzen der Großmutter denkt, könnte sie weinen. Sie tut es nicht. Mit Kraft hält sie die Tränen zurück. Es ist eine große Anstrengung. Doch eine kleinere, als mit dem umzugehen, was nach den Tränen kommt. Die Scham. Das Denken. Die Tränen. Die Scham. Das Denken. Die Tränen. Die Scham ...

Die Enkelin will helfen. Alles für die Großmutter tun. Für die Frau, die ihr so lange auch Mutter war – immer Mutter sein wird. Sie hilft ihr aus dem Bett in den Rollstuhl, hält ihren schwachen Körper, der vor Angst vor noch größeren Schmerzen zittert.

Sie müsse sich nicht vor ihr schämen, meint die Großmutter. Wie eine Frage. Nein, das muss sie nicht. Die Enkelin stützt die Großmutter, hilft ihr dieses Mal aus dem Rollstuhl. Sie schiebt ihr Oberteil nach oben, zieht ihre Hose nach unten. Das Unterhemd. Die Unterhose. Nein! Die Großmutter muss sich nicht schämen! Das will die Enkelin schreien. Es ist ein leises Schreien und ein lautes, so tief im Herzen liegendes Weinen. Sie liebt diese Frau.

Die Großmutter trägt eine Einlage. Die ist feucht. Die Enkelin berührt sie, wenn sie die Unterhose wieder nach oben zieht. Dabei berührt sie die Haut der Großmutter und leidet. Sie leidet, nicht, weil sie ihr hilft. Sie leidet, weil die Großmutter leidet. Die Einlage soll sie zurechtziehen, so dass die Großmutter nicht unangenehm sitzen muss. Natürlich zieht die Enkelin die Einlage so zurecht, dass die Großmutter es als angenehmer empfindet. Die Enkelin riecht den Urin. Von der Toilette her. Den in der Einlage. Einen Widerwillen lässt die Enkelin nicht zu. Kann sie nicht. Will sie nicht!

Den eigenen Körper würde die Enkelin der Großmutter schenken. Sodass die Großmutter ohne Schmerzen wäre. Könnte sie doch nur.

Es sei nicht schön, eine solch kranke Großmutter zu haben, sagt die Frau, deren Körper so schwach ist. Doch! Sich vorzustellen, die Großmutter nicht mehr zu haben, ist schlimmer, als wegen ihrer Schmerzen zu trauern. Stirbt die Großmutter, stirbt die Enkelin.

Oh, wie die Enkelin vor Glück und Trauer zugleich weinen könnte, wenn die Großmutter ihre Hand nimmt, sich bedankt, das Gesicht der Enkelin mit ihren Lippen berührt. Dann fühlt die Enkelin den Schmerz dieser Frau, die Scham, Hilfe anderer anzunehmen, und das Leiden, immer noch zu leben. Wenn sie daran denkt, weint die Enkelin. Und sie erkennt, dass die Großmutter in ihr ist. Beide schämen sich ihrer selbst.

Dann, wenn die Großmutter sich bedankt, fühlt die Enkelin mehr noch als Schmerz, Scham und Leid. Etwas, über das sie nicht sprechen will, da sie weinen würde. Sie fühlt Liebe. Die Liebe, die ihre Trauer schürt. Die Liebe einer Frau, für die sie alles tun würde. Für die sie alles tut.

Kira Sagner (19), Eduard-Mörike-Gymnasium Neuenstadt

Schwur des Hasses

Irren ist nur allzu menschlich: Ich dachte,
du wärst die einzige Person auf dieser Welt, die mich versteht.

Wo Festigkeit herrschte, wo die Engel den Takt angaben,
liegt nun ein endgültiger Abgrund.

Zorn war nie etwas Positives für mich,
aber der Hass setzt ungeahnte Kräfte frei.
Ich werde die Büchse der Pandora für dich öffnen.
Ich werde dir die Hölle auf Erden bereiten.
Die Zeit meiner götzenhaften Anbetung ist vorbei.
Die Dämonen des Hasses, des Zorns, der Verachtung und der Rache
werden diesen Platz von nun an einnehmen.

Deine Sanduhr ist abgelaufen, das Spiel ist aus und vorbei.
Dein Ende naht.
Untergehen wirst du, mit all deinen Eigenschaften,
ohne dass auch nur ein Staubkorn an dich erinnern wird.

Simone Wieland (18), Neues Gymnasium Stuttgart-Feuerbach

Will ich einmal, will ich immer

Will ich einmal, will ich immer.
Will ich gehen, lass mich gehen.
Will ich schlafen, lass mich schlafen.
Will ich reden, lass mich reden.
Will ich jetzt nicht, lass mich nachher.
Doch will ich einmal, lass mich immer.

Heike Koch (14), Neues Gymnasium Stuttgart-Feuerbach

Coming out

Laut rattert der Zug an mir vorbei. Doch ich sehe nur ein Bild vor mir. Ihr Bild hat sich in meinem Herzen fest eingebrannt. Das hübsche bleiche Gesicht hinter dem Fenster, das versteinert wie auf einem Foto meinen Bewegungen folgt und mir auf ihre eigenartige Art und Weise Lebewohl sagt, ohne sich zu bewegen.

„Schneewittchen", hatte ich leise durch das Zugfenster gesagt.

Ich wusste, dass sie mich hören konnte.

„Ja?", erwiderte sie mit einem leichten Lächeln, das in ihrem weißen Gesicht erschien.

„Wann kommst du wieder?"

Schneewittchen – eigentlich heißt sie Tina – hatte nichts darauf geantwortet. Hatte mich nur schweigend angesehen.

„Werde ich dich wiedersehen?"

Ihr Gesichtsausdruck veränderte sich kaum merklich. Ich konnte eine Spur von Wehmut in ihren Augen entdecken. Sie neigte ihren Kopf zur Seite.

Ich schaute zu Boden. Eine Blechdose hüpfte mir vor die Füße. Ich trat sie weg.

Sie landete auf den Schienen und rechts hinter mir hörte ich ein Kind weinen, das sofort von seiner Mutter getröstet wurde, deren böser Blick mich regelrecht von hinten zu durchbohren schien.

Schneewittchen öffnete das Fenster ein Stück und reichte mir ein Buch, das mir sehr bekannt vorkam. Auf dem eleganten Ledereinband las ich die Inschrift: Tinas Tagebuch. Ihr Tagebuch war für sie das Wichtigste in ihrem Leben gewesen.

Ich sah sie fragend an.

„Nimm", sagte sie mit einem traurigen Lächeln.

„Aber gestern wolltest du es doch noch nicht", fing ich an, während ich ihr Abschiedsgeschenk entgegennahm, doch sie fiel mir ins Wort.

„Gestern war gestern. Heute ist heute."

Ich merkte, wie meine Augen feucht wurden und drehte mich weg. Der kleine Junge weinte immer noch. Hässlich und fett war er. Sein vor Weinen zusammengezogenes Gesicht ähnelte einem Kobold.

Ich wandte mich wieder zu Tina und wollte etwas sagen. Doch ihr Lächeln ließ mich verstummen.

Dann wurde es laut und der Zug fing an zu rattern. Schneewittchen sagte noch etwas, aber ich konnte es durch den Lärm nicht verstehen. Dann fuhr der Zug los.

Tina hatte sich aus dem Fenster gebeugt und lächelte mich mit ihrem traurigen Gesicht an. Ich lächelte zurück und verabschiedete mich mit einem gezwungen glücklichen Gesicht, genauso wie sie es sich gewünscht hatte.

Ich sah dem Zug nach, wie er den Hügel aufwärts fuhr, und wartete bis er hinter dem Hügel verschwand.

Langsam entferne ich mich vom Gleis 4 und verlasse den Bahnhof.

Eine frische Brise begrüßt mich als ich von der tristen Betonstation auf die Wiese trete und ein Schmetterling setzt sich auf meinen roten Ärmel, das aus der dunkelgrün-beigen Jacke herausschaut.

Plötzlich legt sich sanft von hinten ein Arm um mich und erdrückt mich fast. Vor Schreck versuche ich mich zuerst zu befreien, doch dann erkenne ich ihn durch seinen Körpergeruch. Meine Nase war schon immer sehr fein gewesen. Gerüche erkannte ich immer sofort.

Ich drehe mich in seiner Umklammerung zu ihm, grabe mein Gesicht in seine Brust und fange an hemmungslos zu weinen.

Tom drückt mich noch fester an sich und ich muss aufpassen, dass ich mich nicht an seinem Punk-Halsband wehtue. Ich spüre sein Herzklopfen und seine Hand an meiner Hüfte. Zwischen dem monotonen Klopfen seines Herzens meine ich ab und zu kaum merklich einen Schluchzer zu spüren. Ich blicke hoch und lächele. Es war das erste Mal, dass Tinas Bruder seine Gefühle zeigte.

Hanna Kim (17), Dillmann-Gymnasium Stuttgart

Das Leben

Was ist, wenn ich mache, was ich möchte?
Dann ist das meine Sache.
Und ich muss mit den Folgen leben.
Was ist, wenn ich auf meine innere Stimme höre?
Dann ist das Vertrauen in mich selbst.
Und nur ich weiß, wie weit ich gehen darf.
Was ist, wenn ich nicht auf andere und ihre Gefühle achte?
Dann ist das rücksichtslos.
Und ich muss wissen, dass ich dann auch so behandelt werde.
Was ist, wenn ich viel Leid mit ansehen muss,
aber selber nichts erfahre?
Dann ist das das Leben.
Und es ist ungerecht, denn Mensch ist Mensch.

Heike Koch (14), Neues Gymnasium Stuttgart-Feuerbach

Eine Träne

Tausend Gedanken.
Gefangen in einer Träne.
Tausend Gefühle.
In einer Träne festgehalten.
Tausend Erinnerungen.
Verschlossen in einer Träne.
Eine Träne.
Auf dem Weg in die Unendlichkeit.
Mit meiner Seele.

Carmen Isabel Schimmele (18), Neues Gymnasium Stuttgart-Feuerbach

Eine Hasselei

Miteinander hassäugeln,
sich hassen lernen,
verhasst sein.
Sich hasskosen.

Hassende sein,
ein Hasspaar werden,
eine Hassbeziehung führen,
ein Hassleben haben.

Hasszauber,
Hassliebe,
Hassgeflüster,
Hassschwüre,
Hasserklärungen.

Hasskummer haben.
Hasskrank werden.

Ein Hassgedicht schreiben.

Bettina Brinkmann (17), Neues Gymnasium Stuttgart-Feuerbach

Sinn

Im Leben bleibt er versteckt
Und so suchen wir
Tag für Tag
Den einen Sinn
Und doch
Werden wir erst fündig
Wenn die Uhr
Ihre letzten Körner fallen lässt

Marlena Plichta (17), Neues Gymnasium Stuttgart-Feuerbach

Paranoia

Warum fühlt sich
Heute alles so
Irreal an
Es scheint nichts
Zu stimmen

Ich kann mich
Nicht mehr erinnern
Was das ausgelöst hat
Oder was es weiter
Wachsen ließ

Ich weiß genau
Was es bedeutet
Eine Stimme im
Kopf zu haben
Die die Oberhand
Einfordert
Ein Gesicht das erwacht
Wenn man seine Augen schließt
Das jedes mal triumphiert
Wenn du lügst
Und lacht
Wenn du fällst

Deshalb schaue ich paranoid über die Schulter
Deshalb habe ich einen Wirbelsturm im Kopf
Deshalb kann ich nicht stoppen, was ich höre
Deshalb gehorch ich mir nicht mehr

Ich habe ein Gesicht in mir
Das mir alle Fehler hämisch
Aufzeigt
Dessen Lachen mich
Nicht schlafen lässt

Die Sonne geht unter
Ich fühle
Dass das Leben mich betrügt

Spürst du das Gesicht
In dir?
Merkst du, wie du
Paranoid über die Schulter
Blickst?
Und dein Kopf sich
Dreht
Dreht
Dreht
Immer weiter
Dreht?

Asadeh Motejadded (17), Stiftsgymnasium Sindelfingen

Frankreich – ein Land mit zwei Gesichtern

Provence, Aquitaine, Bretagne und Bourgogne.
Paris, Lyon, Marseille und Nizza.
Seine, Rhône und Loire.
Wein, Käse, Baguette,
Lavendelduft und Haut-Couture.
Weißes, glitzerndes, reiches Land.
In ihm:
Nordafrikaner, Schwarzafrikaner als Franzosen zweiter Klasse.
Erbärmlich.

Natalie Mutschelknaus (18), Neues Gymnasium Stuttgart-Feuerbach

Und gestern schien die Sonne noch

Ihre Finger umklammerten das Fensterbrett, sie wippte auf der Ferse im Takt der Musik leicht vor und zurück. Es regnete. Der Himmel war bedeckt, so dass sich die Plattenbauwohnungen gegenüber farblich kaum abhoben.
Und gestern schien die Sonne noch.
In Anbetracht des trostlosen Wetters wirkte der Gedanke an den gestrigen Tag so schön wie absurd.
Ihr erschien der Sonnenschein am Tag zuvor wie Spott. Nein, es konnte sich nur um pure Ironie handeln. Gestern wurde ihr mitgeteilt, dass die Scheidungspapiere nun endgültig eingereicht worden waren. Es überraschte sie, obwohl sie es hätte wissen müssen. Sie vernahm aus der Küche das unterdrückte Wimmern ihrer Mutter. Normalerweise war ihre Mutter stets gefasst. "Das letzte Mal, als ich sie weinen hörte, war ... " Sie rief sich erneut einen Vormittag im April letzten Jahres ins Gedächtnis. „... war an dem Tag, als Papa auszog."
Es schmerzte, wieder an ihn denken zu müssen. Sie versuchte sich damit zu trösten, dass es anderen auch so gehe – so gehen müsste. Luisa hat es kaum berührt oder überrascht. Luisa war schnell darüber hinweg. Ihre Stimme nahm beim Namen ihrer Schwester einen abfälligen Unterton an. In ihren Augen schien Luisa überhaupt alles besser zu bewältigen. "Alles eben", fügte sie in Gedanken hinzu, während der Regen monoton an die Scheibe des Dachfensters trommelte.
Sie ließ sich auf das Bett fallen und starrte auf den porösen Putz der Decke. Sie fragte sich, weshalb sie sich nicht endlich damit abgefunden habe, warum es ihr so nahe gehe.
„Es ist schließlich schon über ein Jahr vergangen ..."
Sie wandte sich zum Nachttisch und drehte am Lautstärkeregler des Radios.
Der Wetterbericht kündigte für die nächsten Wochen weitere Regenschauer an.

Nicole Varga (16), Albert-Schweitzer-Gymnasium Neckarsulm

Warten auf ein Bewerbungsgespräch

Ein schüchternes Hallo, ich trete in den Wartesaal ein. Alle Köpfe drehen sich ruckartig zu mir um. Karrieregeile Gesichter gaffen mich an. Ach, noch eine Konkurrentin? Unmut, Neid, Hass.
Ich nehme auf dem letzten freien Stuhl Platz, packe meine Unterlagen aus und gehe sie noch einmal durch. Die starrenden Augenpaare wenden sich von mir ab.
Minuten später. Die Luft im geschlossenen Raum steht. Ich kann mich nicht mehr konzentrieren. Jemand wird aufgerufen. Ein ehrgeiziger Jungspund im Anzug und Lackschühchen steht auf und verlässt das Zimmer.
Wieder Stille. Warten.
Übereinandergeschlagene Beine mit wippenden Füßen verunsichern mich. Die Luft ist unerträglich.
Jemand schaut auf die Uhr.
Da, ein Name wird aufgerufen. Nicht meiner. Eine streberhafte Sie klappt den Laptop zu und verlässt den Raum.
Die Tür fährt zu, wieder keine Frischluft.
Ich betrachte die Kunst an den Wänden. Nichtssagend. Ein letzter Versuch mit den Unterlagen.
Jemand hustet. Das klingt peinlich laut im Raum.
Ein anderer schaut schon wieder auf die Uhr.
Ein weiterer Name wird aufgerufen. Eine aufgetakelte Sie schnappt sich das Handtäschchen und stolziert hinaus. Sie hinterlässt eine Dunstwolke von Parfum.
Es stinkt.
Ich gebe die Unterlagen endgültig auf, laufe zum Fenster und öffne es. Ah, willkommener Sauerstoff.
Ich nehme wieder Platz.
Minuten vergehen.
Jemand niest, ich sage Gesundheit. Er will es nicht hören, steht auf, schließt das Fenster. „Entschuldigung, ich bin erkältet", in einem harten Befehlston.
Wieder ein Aufruf, wieder nicht mein Name. Der erkältete Mensch geht.
Ich packe meine Unterlagen ein.
Stille, Stille, Warten. Warten, Stille, Stille.

Man hört den Sekundenzeiger einer Armbanduhr. Ich werde nervös, starre an die Decke.
Ticktack, ticktack, ticktack.
Aufruf, nicht mein Name. Aufruf, nicht mein Name. Aufruf, nein, immer noch nicht ich. Aber die Armbanduhr ist es. Sie geht.
Zurück bleibe ich. Allein im Wartezimmer.
Stille.
Schweißnasse Hände. Wippend-zitternde Füße.
Warten.
Eine Ewigkeit.
Taschentuch raus, Hände und Stirn putzen.
Oh Gott, da, mein Name! Hektisch ungelenk packe ich meine Tasche, feuere das zerknüllte Tuch hinein, überprüfe den Sitz von Bluse, Hose, Gürtel, Kette, Haaren. Schnellschnell.
Einen Gang entlang, Adrenalin überall im Körper, ein letztes Räuspern, ein letzter Augenschlag. Lächeln. Guten Tag.

Simone Wieland (19), Neues Gymnasium Stuttgart-Feuerbach

Luxus ...

Was ist für mich Luxus?

Für mich ist Luxus das,
was das Leben erst lebenswert macht.
Es sind eigentlich unnötige Sachen,
die einem das Leben versüßen ...

Oder das Unübliche, das man sich im Normalfall nicht leistet.

Ein Stadtbummel ohne „Rücksicht auf Verluste".
Die Erneuerung des Mobiliars
oder die Dekoration desselbigen ...

Luxus ist für mich weniger das, was man sich leisten kann,
wenn man reich ist,
eher das, was man sich sonst nicht oder relativ selten leistet.

Ideen, die aus dem Nichts auftauchen,
ohne dass man nachdenken musste
– auch eine Form des Luxus.

Luxus – ein berauschendes Gefühl, das zeigt,
dass man sich *ab und zu* etwas leisten kann.

Luxus entsteht aus der Ausnahme, nicht aus der Regel.

Carsten Dietzel (17), Neues Gymnasium Stuttgart-Feuerbach

Luxus

Glaubst du, Geld ist alles?
Erhoffst du dir etwas Besseres durch dein Geld?
Kannst du mit Geld alles bekommen?
Kannst du dir Liebe erkaufen?
Zärtlichkeit oder Vertrauen?

Vielleicht, sagst du.
Mag sein, dass du Recht hast.
Mag sein, dass es solche Leute gibt,
Die das für Geld tun.
Sie leben als Parasiten.
Und du als Wirt.

Mir doch egal, sagst du
Ich hab ja das, was ich wollte.
Aber wird es bleiben?
Ist es überhaupt echt?
Kann eine Lüge echt sein?
Kannst du mit einer Lüge leben?

Ich könnte es nicht.

Lazaros Ilonidis (17), Neues Gymnasium Stuttgart-Feuerbach

Dunkler Regen

Du treibst die Wärme der Sonne aus meinem Gesicht,
nimmst mich mit in dein dunkles Meer ohne Fische.
Doch bleibt die kalte Freiheit, die du schenkst,
mir nur verschwommene Eingebung.
Es gibt zu viele Landfische, die mich sehen;
sie saugen deine kühlenden Tropfen auf,
noch bevor ich lernen könnte zu schwimmen.
Kein dunkles Blau, keine Kälte ist ihr Wunsch,
nur beleuchtete, warme Farben,
leicht zu kontrollieren.
Ohne die Landfische dürfte ich ins Meer
tauchen, umschlossen von deinen Tropfen,
und könnte dennoch atmen: bewusstes Leben ohne Zwang.
Gib mir nur einen Tropfen, lass mich Teil der Stille sein,
um meine Sehnsucht nach Meerestiefe zu stillen.
Licht vertreibt Kälte, doch mich dürstet nach Dunkelheit.

Patrick Henze (18), Elly-Heuss-Knapp-Gymnasium Heilbronn

Das Notizbuch

Langsam schlenderte Christiane die Treppe zu ihrem Zimmer hoch und schaute auf das kleine, abgegriffene Notizbuch in ihrer Hand, das sie gerade auf dem höchsten Regal ganz hinten im Keller gefunden hatte. Abgeschlossen war das Notizbuch nicht, doch sie erkannte die krakelige Schrift ihrer Mutter. Oben angekommen rannte sie sofort in ihre Leseecke und fing an, das Büchlein durchzublättern. Oh, da, der 30. Oktober 1992, ungefähr zwei Jahre nach ihrer Geburt: "Liebes Tagebuch, du weißt, ich habe mich vor längerer Zeit wieder verliebt. Hans heißt er und ich weiß: Er ist genau der Richtige. Wir werden in drei Monaten heiraten und er soll der Vater für meine kleine Christiane sein. In letzter Zeit habe ich mich so einsam gefühlt, ich wusste nicht mehr, wie ich weiterleben sollte und was überhaupt der Sinn meines Lebens hier ist ... Ich sehne mich so nach einer kleinen Familie und einem richtigen Leben. Und jetzt wird mein Wunsch wahr!"

Weiter las Christiane nicht. Es reichte ihr. Hans war nicht ihr Vater! Sie war entsetzt und Tränen standen ihr in den Augen. Christiane konnte es noch gar nicht fassen. Sie entschied: Ich will wissen, wer mein richtiger Vater ist. Ich will ihn kennenlernen, koste es was es wolle! Dann hörte sie plötzlich das Schlüsselknacken der Haustüre, ihre Mutter kam nach Hause. Christiane sprang auf, rannte die Treppen hinunter, zwei Stufen auf einmal, und zeigte der Mutter wortlos die entscheidende Stelle im Notizbuch. Ihre Muter wurde ganz bleich. Fassungslos stand sie da und sackte schließlich langsam auf die Couch. "Christiane", fing sie an, nach Worten ringend, "es tut mir Leid. Ich wollte es dir schon immer sagen, doch ich hatte nie den Mut dazu. Hans ist nicht dein Vater. Ich habe dir das nur gesagt, weil ich wollte, dass wir ein ganz normales Leben führen und du einen richtigen Vater hast. Wahrscheinlich habe ich alles falsch gemacht, aber ich wollte doch nur das Beste für dich!" „Mama! Warum hast du mir das nicht schon früher gesagt?! Ich bin 15! So hast du doch nur alles schlimmer gemacht!! Aber jetzt musst du mir alles erzählen: Wer ist mein richtiger Vater und warum habe ich ihn noch nie gesehen? Du kannst ihn mir doch nicht vorenthalten!" Seufzend antwortete ihre Mutter: „Ja, wahrscheinlich hast du Recht. Aber, Christiane, kannst du das ertragen? Dein biologischer Vater hat mich vergewaltigt, als ich 19 war, ich hatte ihn noch nie davor gesehen und ich weiß nichts über ihn, außer dass er Theo Kornief heißt und von irgendwo hier aus der Gegend kommt." – „So ein Schwein!!! Oh Mama, das tut mir Leid, das ist ja schrecklich. Aber weißt du wo er jetzt ist? Ich will ihn sehen, ich muss ihn kennenlernen, er ist doch mein richtiger Vater!" Da klingelte die Hausglocke. War das etwa Hans, der schon etwas früher von der Arbeit nach Hause kommen konnte und mal wieder seinen Schlüssel vergessen hatte? Wie sollte sie sich denn jetzt ihm gegenüber verhalten, wo sie doch nun wusste, dass er nicht ihr richtiger Vater ist? Aber das Läuten fand kein Ende.

    Plötzlich wachte ich auf und erkannte, dass es nur mein Wecker war. Schweißnass richtete ich mich auf und bemerkte, wie zwei wärmende Sonnenstrahlen in mein Zimmer fielen. Da streckte auch schon meine Mutter ihren Kopf durch die Türe und rief leicht erheitert herein: „Christiane, komm, beeil dich, die Schule fängt wieder an! Die Sommerferien sind vorbei, du kannst nicht mehr jeden Tag ausschlafen!" Verwundert und noch ziemlich verschlafen rieb ich mir erst einmal die Augen. Leicht verunsichert fragte ich meine Mutter, ob Hans jetzt wirklich mein Vater sei und sie mit 19 Jahren vergewaltigt worden war. Meine Mutter antwortete daraufhin ziemlich verdutzt, dass er hundertprozentig mein Vater sei und dass ich das alles auch in meiner Geburtsurkunde nachlesen könne. Sie sei nie irgendwann vergewaltigt worden und fragte mich sofort, ob alles in Ordnung sei mir mir. Während ich aus dem Bett sprang, bejahte ich, und natürlich wollte meine Mutter wissen, wie ich so plötzlich darauf käme und ob ich schlecht geträumt hätte. Ich versprach ihr, beim Frühstück mehr von meinem schrecklichen Traum zu erzählen und machte mich erst einmal auf den Weg zum Bad. Ach, war ich froh, dass ich das alles nur geträumt hatte und Hans mein richtiger Vater war! Da konnte das neue Schuljahr ja gut beginnen ...

Magdalena Görtz (13) und Lukas Görtz (14), Albert-Schweitzer-Gymnasium Neckarsulm

Crescendo

„Am Anfang waren da nur leise ein paar Geräusche, fast unhörbar in den Weiten des Seins. Spielerisch schwollen sie an und verebbten wieder, im ewigen Wechsel. Ich lauschte und versuchte, die Geräusche zuzuordnen, aber es war nicht einfach. Eine sanfte Mischung aus Glocken, Pfeifen und gezupften Saiten, fast gänzlich zu einem Klangteppich verwoben. Ich ließ mich im Klang treiben und die Seele baumeln, als es plötzlich lauter wurde. Zuerst merkte ich es nicht, doch irgendwann war es deutlich. Das Volumen der Töne nahm zu, stetig steigend. Als es eine respektable Lautstärke erreicht hatte, hörten die Tonlinien auf, sich zu bewegen und ein klarer, warmer Akkord stand im Raum. Die Töne waren eindeutig und doch sehr unklar zu definieren. Wie ein Summen stand das Geräusch im Raum. Langsam fing der Akkord an, sich in diversesten Umkehrungen und Modulationen zu ergehen. Wie eine riesige Luftblase unter Wasser veränderte er sich konstant, behielt jedoch seine Schönheit.

Nach einiger Zeit in diesem Spiel hob sich plötzlich klar der Klang von Geigen aus der Klangblase und glitt sanft durch den Raum wie Pinselstriche über eine jungfräuliche Leinwand. Auf und ab liefen die Koloraturen, jagten und vereinten sich, brachen wieder auseinander und verschwanden wieder. Fließend ergoss sich der Klang eines Cellos in die verstummenden Geigen. Vibrati und Tremoli flogen förmlich durch die Leere, auf der Suche nach ihren Partnern. Profund setzte dazu ein Kontrabass ein, warm gestrichen und das Cello solide begleitend.

Fast unmerklich kam nun ein Schlagzeug dazu. Sonderbarerweise jedoch nicht das klassische Schlagwerk eines Orchesters, sondern ein banales Schlagzeug. Mit der Genauigkeit eines Uhrwerkes spielte es die Zählzeiten und zerriss so in einer grazilen Kontinuität den Klang der tiefen Streicher.

Hart setzte ein Klavier ein. Synkopisch tanzend spielte es eine Melodie über die Schläge des Schlagzeuges und den fundamentalen Bässen. Auf und ab, laut und leise, weich und hart, immer behielt es seine kecke, tänzerische Art bei. Das Tempo zog langsam an. Nach einiger Zeit, das Klavier spielte mittlerweile wieder in einem soliden Forte, wurde die nun schon so vertraute Stimmung um eine Gitarre ergänzt, die im Takt die Akkorde spielte und sich perfekt in die Klangwand einfügte. Die Musik ertönte jetzt laut und beständig, alles passte zusammen und war doch differenziert. Das Klavier spielte nun auch Läufe von beeindruckender Geschwindigkeit über den anderen Instrumenten. Es wurde kaum merklich leiser, das Schlagzeug veränderte kurz den Takt und dann geschah es:

Wie ein Phönix aus der Asche brach der Klang einer E-Gitarre durch einen Teppich von Lauten und strebte der Höhe zu. Virtuoser als alle Instrumente vor ihr spielte die Gitarre Läufe, Koloraturen und Glissandi als bäume sie sich noch ein letztes Mal in ihrer vollen Schönheit auf. Dann, nach einigen letzten, qualvoll hingezogenen Tönen verstummte sie und überließ die nunmehr glanzlos erscheinenden anderen Instrumente ihrem Dasein. Und wie durch ein Wunder verflossen auch deren Klänge im Nichts des Raumes.

Ich stand da und lauschte. Würde sie zurückkehren, die Musik, die mein Herz so erfreute? Die warm und melodisch noch immer meinen Geist beschäftigte. Ich stand da und lauschte. Sie kam nicht wieder. Langsam wandte ich mich ab, betrübt und doch in gewisser Weise glücklich über das Erlebte. Kein Lied, keine Melodie konnte mich seither erfreuen, alles erscheint grau.

Max Demel (16), Dillmann-Gymnasium Stuttgart

Dadaistisch

Bling Zwinker
Rausch schhhhh
Stampf Stapf
Schnaub hhhHHHhhh
Ruf Zorn
Renn Klirr
Schrei Klong
Knirsch Schlitz
Kling Klong Klang Ka-wumm
Blink Blend
Schnauf Keuch
Stark ambitioniert
Fehler blitzschnell
Schmerz Schrei
Krampf Spritz Ohnmacht
Triumph Angst Tod
Zufriedenheit Erfolg
Hochzeit

Max Demel (15), Dillmann-Gymnasium Stuttgart

Pier oder die Erinnerung

Ich saß im Zug und wusste nicht, warum ich mir das Ganze eigentlich antat. In zwei Stunden sollte ich mich bei einem Contest für die Aufnahme an einer Musikschule vorstellen und ich hatte Angst, echt Angst. Zu allem Übel kam auch noch so ein komischer „Ich bin es"-Geschäftsmann herein und redete die ganze Zeit lautstark mit seiner Frau durchs Telefon. In jedem zweiten Satz verwendete er die Worte: „Ich habe nicht an allem Schuld."

Ich ging gerade in Gedanken meinen Liedtext noch einmal durch, als der Mann endlich das Handy weglegte und mich fragte: „Entschuldigen Sie bitte, aber könnten Sie mir vielleicht sagen, wie spät es ist?"

„Natürlich, es ist 12 Uhr 30", antwortete ich höflich.
„Und, wo soll's denn hingehen, wenn ich fragen darf?"
„Ich fahre nach Stuttgart, zu einem Singcontest, und Sie?"
„Ach, ich fahre mal wieder zu einem Geschäftsessen. Schon aufgeregt?"
„Ja, sehr."
„Was singen Sie denn?"
„Prinzesschen von Lafee."
„Aber Sie müssen doch nicht aufgeregt sein, oder haben Sie nicht geübt?"
„Doch schon," sagte ich ein wenig empört.
„Und warum sind Sie dann aufgeregt?"
Ich sah, wie dem Mann langsam lange blonde Haare wuchsen.
„Ich habe Angst, dass ich den Text vergesse", murmelte ich verblüfft. Seine Haare wuchsen immer weiter und er fing an zu schrumpfen. Ich fühlte, wie mir das Blut in den Kopf schoss. Wenn ich aufgeregt bin, werde ich immer ganz rot, und was hier passierte, war ziemlich aufregend. Wann wachsen einem Mann, der dir gegenübersitzt, schon mal lange blonde Haare?
„Alles in Ordnung?", fragte er. „Sie sind ganz rot!"
„Jaja", stotterte ich, immer noch erstaunt.
„Machen Sie sich jetzt nur nicht verrückt. Das klappt schon. Ich heiße übrigens Pier."
Piers Stimme wurde mit jedem Satz, den er sagte, piepsiger. In meinem Kopf schwirrten die Gedanken umher: Träume ich? Fantasiere ich? Hilfe, es soll aufhören! Aber er ist so nett. Komisch, ich fühle mich geborgen.
„Ähmm, geht's dir auch wirklich gut?? Ich habe dich was gefragt."
„Ja, sorry, ich war gerade etwas weggetreten. Weißt du, dieser Contest bedeutet mir sehr viel, denn ich singe schon seit ich circa sechs Jahre alt bin."
Nun saß auf dem roten Zugsitz ein halbes Mädchen. Es hatte blonde Haare, eine hohe Stimme und wurde immer kleiner.
„Also, wenn du schon so lange singst, wird das schon gut gehen. Und wenn es heute nicht hinhaut, dann eben ein anderes Mal."
Pier versuchte, mir Mut zu machen und es klappte, meine Angst nahm ab.

Jetzt veränderte sich auch noch seine Kleidung. Aus einem grauen Anzug, der ein wenig trostlos aussah, wurden eine ausgeleierte Jeans und ein Pulli, auf dem eine Katze war, die die Zunge rausstreckte. An irgendwas erinnerten mich die Klamotten, und überhaupt, das Mädchen hatte ich doch schon mal irgendwo gesehen, oder? Ich überlegte, doch es wollte mir nicht einfallen.

„Mach dir keine Sorgen, hier habe ich einen Schlüsselanhänger, von meiner kleinen Tochter, sie hat ihn mir als Glücksbringer gemacht!"

„Aber das kann ich doch nicht annehmen."

„Oh doch, denn du brauchst ihn gerade mehr als ich."

„Na gut, wenn du meinst." Ich nahm den Schlüsselanhänger und betrachtete ihn von allen Seiten. Er bestand aus zwei Schnüren, die unten mit Perlen bestickt waren. So ähnliche hatte ich früher auch meinen Eltern gemacht. Und auf einmal wusste ich, wer das Mädchen war, das mir gegenüber saß! Ich! Als ich sechs Jahre alt war, sah ich so aus und der Pulli und die Jeans waren meine Lieblingssachen, die ich fast täglich anhatte. Ich war verwirrt. Warum sah Pier so aus wie ich?

„Nächster halt Stuttgart-Bad Cannstatt", tönte es mechanisch aus dem Lautsprecher in unserem Abteil. Die Kleine rutschte von ihrem Sitz.

„Hier muss ich raus."

„Ich fahre noch eine Station weiter."

„Gut, dann ciao! Vielleicht sieht man sich ja mal wieder. Ach ja und viel Glück"

„Danke. Ja vielleicht." Der Zug hielt mit lautem Quietschen. Das Mädchen drehte sich noch einmal um und stieg dann aus.

Den Rest der Fahrt verbrachte ich damit, über meine Kindheit nachzudenken, und ich erinnerte mich daran, warum ich zu singen angefangen hatte, nämlich aus Freude und nicht um Conteste zu gewinnen.

Wenig später stand ich in einem Zimmer in Stuttgart und bereitete meinen Auftritt vor. Nach zwanzig Minuten kam eine junge Frau herein. Sie war schlank, und das Kleid, dessen Farbe gut zu ihren blauen Augen passte, stand ihr gut.

„Christin Müller", fragte sie, und ihre Stimme klang aufmunternd und nett.

„Ja", antwortete ich lächelnd. Meine Angst war ganz und gar verflogen und ich fühlte, wie ein Glücksgefühl in mir aufstieg, denn schließlich sang ich ja, weil es mir Spaß machte.

„Kommen Sie bitte mit."

Ich folgte ihr.

Wir gingen durch eine Doppeltür in einen großen Raum, der weiß gestrichen war und ziemlich kalt wirkte. Hinter fünf kleinen Tischen saßen die Juroren. Die Frau, die mich abgeholt hatte, setzte sich und ein Mann, schwarzer Rolli, schwarzes Sakko ergriff das Wort: „Stellen Sie sich bitte vor und sagen sie, warum Sie hier angenommen werden wollen und was Sie singen."

Seine Stimme klang so mächtig und männlich, dass ich kurz etwas erschrak, doch dann gab ich mir einen Ruck.

„Okay. Ich heiße Christin Müller, bin sechzehn und komme aus Göppingen. Ich singe schon seit ich sechs Jahre alt bin. Es macht mir Spaß und ist einfach meine Leidenschaft.

Das Lied, das ich singe, heißt ‚Prinzesschen von Lafee'." Meine Stimme klang anfangs schüchtern, doch dann wurde sie immer kräftiger.

„Gut, dann leg mal los. Ton ab."

Als die Musik begann, sang ich mit soviel Freude in der Stimme, dass ich es selber kaum fassen konnte. Und als die Musik endete, hätte ich am liebsten weitergesungen, doch die Nette in dem schönen Kleid sagte: „Danke, wir melden uns dann bei Ihnen."

Ich schaute noch einmal in die Gesichter der Damen und Herren und ich glaubte, sie sahen zufrieden aus. Dann ging ich nach Hause, beruhigt, dass alles gut gegangen war.

Eine Woche später bekam ich ein Schreiben aus Stuttgart. Die Schule hatte mich angenommen. Ich küsste den Brief und dankte Pier, dass er mich daran erinnert hatte, warum ich eigentlich singe.

Alexandra Fölker (14), Hohenstaufen-Gymnasium Göppingen

Wir?

Rätsel
heimlich
nicht gelöst
wo bist du
kann dich nicht finden

Vergangenheit
abgeschlossen
nicht veränderbar
wo warst du

Und wo waren wir
habe dich nie gefunden

Jeannette Anniés (14), Neues Gymnasium Stuttgart-Feuerbach

Die Passion der Kartoffel

Die gemeine Kartoffel hat es nicht leicht im 21. Jahrhundert. Bedenkt man, dass sie mehr als 90 Prozent ihres Lebens unter der Erde und fern von jedem Sonnenstrahl verbringt. Ihre Wohnung ist nicht besonders groß, und eine Putzhilfe gibt es auch nicht. Alles muss sie selbst erledigen. Wie es dort wohl nach einer Woche stinken muss, ganz ohne Lüftung! Und dort verbringt sie den ganzen Winter – alleine! Ohne Freunde und Verwandte, die mit sehr hoher Wahrscheinlichkeit bereits im Kochtopf gelandet sind. Wie einsam muss sich die Kartoffel fühlen! Ihrem Schicksal ganz alleine überlassen. Ist es da noch verwunderlich, dass sie, sobald der Frühling anfängt, versucht, zumindest den Kopf in die Sonne zu strecken? Wie viel Arbeit wohl dahintersteckt, 20 Zentimeter weit den Hals zu strecken und nebenher noch Berge von Erde beiseite zu räumen? Nicht auszudenken, was mit den Kartoffeln passiert, die sich dabei das Genick brechen! Heutzutage sind die Ärzte schon von den Menschen so überlastet, dass sich bereits manche Ärzte auf Tiere spezialisiert haben, aber wo sind die Floraspezialisten? Wenn sie es wirklich geschafft hat, erwartet sie dort oben die gefühlskalte Welt des 21. Jahrhunderts. Früher nahm sich der Bauer Zeit für seine Zöglinge. Er kannte jede bei Namen, grüßte sie im Vorbeigehen und begoss sie zärtlich mit sauberem Wasser. Heute fährt er mit dem Güllewagen über das Feld und schützt die Kartoffel nicht mal vor dem Sauren Regen. 10 Prozent aller Kartoffeln sind zu sensibel und überstehen diesen Kulturschock nicht. Sie gehen innerhalb der ersten Wochen ein. Doch wer den Kulturschock überstanden hat, auf den wartet die nächste Herausforderung. Färben sich die Blätter in den Bäumen braun, kommt der Bauer mit seinem Erntewagen. Früher wurde die Kartoffel noch vorsichtig mit dem Spaten ausgegraben, damit ihr nichts passiert, aber jetzt leidet auch sie unter dem Motto „Zeit ist Geld". Schnell und grob wird sie aus ihrer Wohnung gerissen, in der sie bisher ihr ganzes Leben verbracht hat. Dann kommt sie in einen kalten, fremden Keller und wird zwischengelagert, der Gewissheit überlassen, dass sie sterben muss. Viele Kartoffeln verkraften diese Gewissheit nicht und begehen Selbstmord. Was die anderen nicht wissen, ist, dass dies eindeutig der angenehmere Tod ist. Denn diese landen gekocht, ihrer Kleidung beraubt auf dem Teller eines Kindes, das die Kartoffel in keinster Weise würdigt. Nur unter viel Geschrei und Druck der Eltern ist es bereit, ein Stück der Kartoffel zu essen und der Rest landet, der letzten Würde beraubt, auf dem Kompost. Nach all den Torturen und den Monaten der Qual hat die Kartoffel mehr verdient. Wenigstens ein ordentliches Grab mit Grabstein, oder sogar ein Denkmal.

Sara Eiben (17), Andreae-Gymnasium Herrenberg

Gefangen

In meinem Traum stehst du vor mir, mein Held, der mich aus den Fängen meiner Wächter befreit. Oft kommst du nur, um mich zu sehen, lächelst mir zu und ermutigst mich, noch länger auf meine Befreiung zu warten. Denn ich bin mir sicher, dass du mich von meinem Leiden erlöst, und wenn wir dann manchmal allein sind, erzählst du mir von der Welt, wie sie wirklich ist. Denn ich kenne sie nur aus den Lügen, die mir eingebläut werden: In diesen ist die Welt rau, kalt und gefährlich. So wie du mir aber berichtest, ist sie schön, warm, friedlich und gibt mir Liebe und Geborgenheit. Einen Teil davon kann ich auch spüren, wenn du bei mir bist, und ich wünsche mir nichts sehnlicher, als dass du mich mitnimmst in deine Welt. Doch noch ist die Zeit nicht reif dafür und du sagst mir, ich solle noch ausharren. Doch jedes Mal, wenn du gegangen bist, breitet sich in mir eine unendliche Leere aus und die Wände meines Zimmers drohen mich zu erdrücken. In dieser Zeit wünsche ich mir, einen Teil deines Mutes zu besitzen und nicht nur allein auf deine Hilfe angewiesen zu sein, sondern mich selbst von meinen Fesseln zu befreien.

Mit der Zeit jedoch werden mein Wächter nachlässiger und du kannst öfter bei mir sein .Und eines Tages lassen sie dich ungestört einen ganzen Tag und eine ganze Nacht bei mir und seit diesem Tag weiß ich, dass mein Hoffen nicht vergebens war. Von da an durftest du immer öfter bei mir sein, solange du wolltest. Doch nach dieser einen Nacht, in der du über mich gewacht hast und mich vor meinen Peinigern beschützt hast, wurde es mir immer leichter, mich den Regeln, mit denen ich erzogen worden war, zu widersetzen.

Die Zeit, in der ich gefangen war, begann keine Rolle mehr zu spielen, ich wusste, ich wartete nicht umsonst, und jeden Abend ging ich mit der Gewissheit schlafen, bald in der wirklichen Welt frei und glücklich an deiner Seite zu sein. Eines Nachts hatte ich einen sehr verworrenen Traum, du warst bei mir und wir lagen uns in den Armen, als ich einschlief. Im Traum war mir, als würde ich aus dem Fenster eines sehr hohen Gebäudes schauen. Ich spürte, wie mir die Luft am Gesicht vorbeistrich, langsam, aber sicher hob ich vom Boden ab .Ich flog durch die Luft, zuerst machte ich mir Sorgen – aber es war ja nur ein Traum .Ich merkte, wie ich langsam tiefer glitt und sah mit großer Neugierde auf alles, was unter mir lag, denn selbst in meinen Träumen hatte ich nichts gesehen, was mir nicht von Kindheit an vertraut war und nun sah ich zum ersten Mal andere Farben als grau, schwarz und weiß.

Als ich erwachte schaute ich verwirrt um mich, denn es war ungewohnt hell. In meinem Zimmer hatte immer das Halbdunkel geherrscht und jetzt lag ich unter freiem Himmel neben meinem Traumprinzen. Mein Traum war wahr geworden.

Anita Armbruster (16), Dillmann-Gymnasium Stuttgart

Lebenswege

Siehst du die Wege aller Menschen?
Festgefahren.
Viele Spuren,
alle weisen sie in dieselbe Richtung.

Manche sind tief,
manche kaum zu sehen.
Einige machen Schlenker,
verlassen den Weg kurz.
Vereinzelt hören sie plötzlich auf,
als habe es sie nie gegeben.
Viele verblassen nur langsam.

Siehst du dort die Spur?
Sie knickt auf einmal ab
und schlägt eine ganz neue Richtung ein.
Diese hier führt kurzzeitig sogar zurück,
bevor sie wieder vorwärts zeigt.
Und die andere hier, sie verbindet sich
mit ganz unterschiedlichen Spuren.
Und die hier drüben ...

So viele Spuren,
so viele Schicksale,
so viel Interessantes,
Erschreckendes,
Bewegendes.

Erforsche das Leben!
Nur auf den ersten Blick
scheinen alle Lebenswege gleich!

Theresa Winter (17), Emil-Fischer-Gymnasium Euskirchen

Herbstgeschichte

Im Herbst fuhr ich mit einem Zug zu meiner Oma. Sie wohnt mitten auf dem Land. Der Zug fuhr an Wiesen vorbei und an Städten. Die Bäume hatten alle ein buntes Blätterkleid bekommen und im Sonnenschein leuchteten ihre Farben.

Mir gegenüber saß eine Frau mit ihrem Kind. Das Mädchen schaute ein Bilderbuch an und ich erkannte Schneewittchen.

Im nächsten Abteil saß ein Mann mit einem schwarzen Hut und schwarzer Jacke. Als eine Frau mit ihrem Hund vorbeilief, trat der Mann nach dem Hund. Der Hund kläffte und die Frau warf dem Mann einen bösen Blick zu.

Ich sah aus dem Fenster. Gestern noch hatte ich in der Schule gesessen und gepaukt, doch heute haben die Ferien begonnen und ich war auf dem Weg zu meiner Oma.

Weiter fuhren wir an einem See vorbei und aus einem Blätterhaufen sah mich etwas an. „Komisch", murmelte ich, „ich meinte, es war ein Kobold, aber die gibt es doch nur im Märchen!"

Doch der Zug war schon weitergefahren und ich sah den Blätterberg nicht mehr. Der Zug fuhr jetzt aufwärts. Es ging einen Berg hoch und oben angekommen hielt der Zug.

Es stiegen Leute ein und aus. Es ging weiter, jetzt fuhren wir über eine Brücke. In meinem Abteil flog ein Schmetterling an der Decke. Ich öffnete das Fenster ein wenig, um ihn hinauszulassen. Dabei strömte warme Luft in das Abteil. Der Schaffner sagte den nächsten Bahnhof an und die Frau mit dem Mädchen stand auf und verließ das Abteil. Wieder kamen wir an Wiesen vorbei und als der nächste Bahnhof vorüber war, setzte sich ein Punk neben mich. Seine Haare waren neongelb und er trug eine löchrige Jeans. Er trug an seiner Hand viele Ringe. Einen zog er von der Hand und reichte ihn mir. „Da für dich. Damit du mich nicht vergisst." Er grinste mich an und ich lächelte verlegen zurück. Der Ring war silbern und glänzte in der Sonne. Ich streckte meine Hand aus dem Fenster. Es war ein starker Zugwind und als ich die Hand wieder reinzog, war der Ring verschwunden. Schnell drehte ich mich um. Doch als ich dem Punk gerade erzählen wollte, was geschehen war, war er verschwunden.

Enttäuscht wandte ich mich wieder dem Fenster zu. Der Zug fuhr weiter und mir schien, als ob der Horizont noch weiter weg war als zuvor.

Josina Herding (13), Dillmann-Gymnasium Stuttgart

Der Abschied

Da stand sie, in ihrem alten Kinderzimmer. Sie hatte gerade ein Buch aus dem Regal gezogen und in den Koffer gelegt. In ihrem Kopf überschlugen sich die Erinnerungen. Als junges Mädchen hatte sie sich oft hierher zurückgezogen, wenn ihre Stiefmutter sie, wie so oft, angeschrien oder sogar geschlagen hatte. Ihr Vater arbeitete den ganzen Tag, kam abends erst spät nach Hause. Ihre leibliche Mutter starb vor 16 Jahren. Damals war sie sechs Jahre alt.

Sonst hatte sie niemanden. Weder Verwandte noch Freunde.

Bevor sie den Koffer zumachte, sah sie sich noch einmal in ihrem Zimmer um. Ihr Blick schweifte über ihren Schrank, den Schreibtisch und die Kommode. An ihrem Bett blieb ihr Blick hängen. Sie entdeckte ihren alten Teddy. Unwillkürlich musste sie daran denken, wie er sie immer getröstet hatte, wenn sie traurig war. Der Teddy gehörte ihrer Mutter. Sie legte ihn zu ihren anderen Dingen in den Koffer und verschloss ihn.

Sie horchte immer nach der Wohnungstür und hoffte, dass niemand unerwartet nach Hause kommen würde. Sie würde still und heimlich gehen.

Für immer.

Sie schaute auf die Uhr, zog ihren Mantel an und nahm ihren Koffer in die Hand. Sie trat nach draußen in den kalten Novembertag. Das Taxi wartete bereits. Der Fahrer kam ihr entgegen, nahm ihr den Koffer ab und lud ihn ein. Nun drehte sie sich ein letztes Mal um. Dann stieg sie ein und fuhr davon.

Bianca C. Cacian (16), Albert-Schweitzer-Gymnasium Neckarsulm

Zu Weihnachten

In der Weihnachtswerkstatt gibt es viel zu tun,
die Wichtel haben keine Zeit sich auszuruhn,
ja, wisst ihr nicht, warum?
Da seid ihr aber dumm!
Jetzt geht die Weihnachtsstimmung los
und die ist wirklich riesengroß.
Bald kommt der Weihnachtsmann –
ja, und was dann?
Da gibt's bei manchen einen auf den Po
(die können dann nicht auf ihr Klo ...)
Ich freu mich wirklich, bald ist er da
drali, drala, dralalala.
Da können wir wirklich dankbar sein
und zum Weihnachtsmann sagen:
„Lass die Wichtel auch mal rein,
die haben was für uns gemacht,
haben die Wunschzettel gelesen und nachgedacht."
Das Weihnachtsfest war zwar schön,
aber jetzt müssen die Freunde und Verwandten leider gehen.
Dann fängt bald wieder der Frühling an
und wir müssen an die Arbeit ran.

Anne Muth (8), Grundschule Waldheim/Sachsen

Weihnachtsstimmung

Draußen vor meinem Fenster, aus dem ich gerade schaue, fallen die weißen Flocken auf den schneebedeckten Boden, damit sich die Welt der Jahreszeit anpasst.

Den Nachbarn sah ich gestern einen dunkelgrünen, großen Tannenbaum ins Haus tragen, der anschließend mit allerlei Schmuck ausgestattet wurde.

Die Kinder von gegenüber bauen einen lustigen Schneemann und erfreuen sich an der weißen Pracht.

Auch in meinem Haus stehen für das morgige Fest ein paar dazugehörige Dinge, wie zum Beispiel die Plätzchen, die ich zur Weihnachtszeit gerne backe, schon lange fertig auf ihrem Tellern, um Gästen die Zeit bei mir zu versüßen.

In Anbetracht der Tatsache, dass die Luft in dieser Jahreszeit die frischeste ist, ziehe ich mich dem Wetter entsprechend an und spaziere durch die gestreuten, nassen Straßen. Viele Fenster und Türen sind in diesem eher ruhigen Viertel mit Leuchtgirlanden geschmückt und strahlen eine menschliche Wärme aus.

Auf meinem Weg zurück zu meinem kleinen Haus schließe ich für einen Moment die Augen, lasse die Stimmung auf mich wirken und alles an mir vorüberziehen.

Ich schließe die Tür auf während ich mich frage, wer mich wohl morgen besucht.

Kim Hanselmann (15), Albert-Schweitzer-Gymnasium Neckarsulm

Und noch dazu die blöde Sonne

Es ist schon fast Sommer. Draußen scheint die Sonne und lädt zum Spazierengehen ein. Am blauen Himmel fliegen fröhlich zwitschernd die Vögel umher. Nur eine winzige, weiße Plüschwolke ist zu sehen, die jedoch niemanden stört. Auf der bunten Blumenwiese rennen zwei Mädchen um ihren Papa herum. Der kleine schwarze Hund hüpft und bellt freudig dazu. Alle lachen.

Drinnen sitze ich auf meinem Bett. Allein. Mit mir will niemand spazieren gehen. Ich habe niemanden, der mit mir die Sonne genießt. Bin allein. Eine stille Träne kullert mir über die Nasenspitze. Ungefähr zwei Wochen ist es jetzt her. Schon zwei Wochen? Und immer noch bin ich hier, warte, bis du wieder kommst. Ich weiß jedoch genau, dass du wegbleibst, bei ihr, der süßen Blondine mit den kleinen blauen Augen.

Mit einem Schrei werfe ich mein Kissen gegen das Fenster. Die rote Vase kippt um und zerbricht am Boden. Traurig liegen die Blumen zwischen den Scherben auf dem nassen Teppich. Das Kissen scheint sie zu erdrücken.

Ich will nicht weinen, nicht schon wieder. Meine braunen Augen sind angeschwollen und nass. Die Tränen kommen immer wieder. Ich muss doch weinen. Warum kann ich nicht wütend auf dich sein?! Der Schmerz hört nicht auf. Und noch dazu scheint draußen die blöde Sonne ohne Hemmungen fröhlich weiter.

Isabell Feil (16), Albert-Schweitzer-Gymnasium Neckarsulm

Hin- und hergerissen

Ist es die Vergänglichkeit, die einem weh tut, oder ist es die verlorene Gewohnheit?

Die Vergänglichkeit, die wie ein Zeigefinger verdeutlicht, das etwas geschieht oder schon geschehen ist. Die Vergänglichkeit, die im Körper eine so große Leere entstehen lässt, dass man weder ein noch aus weiß, dass, egal was man tut, alles falsch ist, man die Situation nur noch zu verschlimmern scheint. Eine ausweglose Situation.

Oder ist es die verloren gegangene Gewohnheit, sodass ohne sie ein Stück fehlt? Die Gewohnheit, die das Besondere zum Alltäglichen macht und das Alltägliche zu einer Droge. Man braucht „es", um glücklich zu sein. Ohne fehlt etwas und man sucht und sucht und man findet den Ausweg, das Glück, das „Erstrebenswerte" trotzdem nicht.

Egal, ob Vergänglichkeit oder verlorene Gewohnheit, beides ist unbefriedigend. Die Leere und der eine glückliche Zustand, der im Nirwana verschwunden zu sein scheint. Beides läuft gleichzeitig ab, frisst sich vom Bewusstsein in die Seele, wütet dort wie ein Feuer und zerstört immer mehr. Und es kommt erst dann zur Ruhe, wenn gelöscht wurde, das Verlangen nach der Glückseligkeit gestillt und sie selbst wiederhergestellt ist. Andere haben keinen Einblick in diese Situationen, merken es vielleicht noch nicht einmal.

Verdrängen kann man die Angelegenheit nicht, weil sie allgegenwärtig ist. Zuweilen scheint sie das Denken zu bestimmen. Man hat das Gefühl, dass man daran kaputtgeht, man zu zerbrechen droht. Jedes Mal, wenn man mit der Situation unerwartet konfrontiert wird, versetzt es einem einen Stich. Immer und immer wieder wird zugestochen, bis eine große und tiefe Wunde zurückbleibt. Von allein kommt man aus diesem Sein nicht mehr heraus. Zwar mag man für kurze Zeit nicht mehr an das ursprüngliche Problem denken, doch wenn man ganz allein ist, nachts, schleicht sich dieses dumpfe Gefühl wieder heran, und man kann doch nichts dagegen tun.

Am schlimmsten jedoch ist die immer wiederkehrende Enttäuschung, wenn man glaubt, die Glückseligkeit im Jenseits gefunden zu haben, sie zu besitzen, zu fühlen und dieses so nahe geglaubte Ziel letztendlich doch wieder in die Ferne rückt. Man fühlt sich noch einsamer und fällt noch tiefer als vorher.

Dieses Gefühl von Demut lebt immer dann ziemlich stark auf, wenn man unvermittelter Dinge wieder vor seinem Ziel steht und nicht weiß, was man jetzt tun soll. Dann verhält man sich meist falsch und macht alles noch schlimmer. Man glaubt von seinem Ziel, seiner „Droge" nicht mehr beachtet zu werden. Die Gefühle sind nur noch ein einziges Wirrwarr und der ganze Spießrutenlauf beginnt von neuem. Frust. Trauer. Wut. Fragen über Fragen. Was ist jetzt? Werde ich wahrgenommen, ja überhaupt geschätzt? Wenn nicht, was soll ich tun? Wenn, wie werde ich wahrgenommen? Als Ziege, Schlange, Schaf? Bin ich es denn wert? So tief gefallen! Natürlich bin ich es! Ein Funken Hoffnung?

Soll man nun warten, bis die Droge von selbst wiederkommt, oder selber die Initiative ergreifen?

Die Vergänglichkeit wird zurückkommen, wie und wann ist nicht abzuschätzen. Aber sie wird wiederkommen. Sie ist allgegenwärtig.

Katharina Plewniok (17), Gymnasium Friedrich II. Lorch

Der Wolf und die sieben Geißlein

An einem Samstagnachmittag im Frühjahr sagte die Geiß zu ihren sieben Geißlein: "Heute ist langer Samstag und das Shoppingcenter hat bis 20 Uhr geöffnet, da muss ich unbedingt noch ein paar Besorgungen machen. Aber ihr öffnet nicht die Tür, es könnte nämlich der böse Wolf sein." "Oh, bringst du uns was Spannendes mit?", fragte das erste Geißlein. "Und was zum Spielen!", bettelte das zweite. "Und die Schokolade nicht vergessen!", erinnerte das dritte. "Mal sehen", sagte die Geiß. Sie setzte sich in ihren roten Flitzer und raste los. Auf der Fahrt überlegte sie: "Hm, ich soll was Spannendes, was zum Spielen und Schokolade mitbringen. Gleich drei Sachen! Ah, ich bring sieben Überraschungseier mit." Während sie in der Tiefgarage des Shoppingcenters ihren roten Flitzer auf einem Frauenparkplatz einparkte, klingelte der Wolf bei den sieben Geißlein an der Tür. Ein Geißlein ging an die Gegensprechanlage und fragte: "Wer ist da?" "Eure Mutter, und ich habe jedem von euch etwas Schönes mitgebracht", antwortete der Wolf. "Du bist nicht unsere Mutter. Unsere Mutter hat eine hohe, feine Stimme", sagte das Geißlein. Der Wolf ging nun zum städtischen Versorgungsunternehmen, um sich Helium zu besorgen. Er atmete einen Luftballon voll ein und machte sich erneut mit seinem City-Roller auf den Weg zu den Geißlein. Er klingelte und auf die Frage, wer draußen sei, antwortete der Wolf: "Ich bin's, euer Mütterlein und habe jedem von euch etwas Schönes mitgebracht." Das Geißlein wollte beinahe schon die Tür öffnen, als ein zweites rief: "Halt! Zeig uns erst deine Pfote!" Der Wolf legte seine Pfote auf die Fensterbank. "Nein, du bist nicht unsere Mutter. Unsere Mutter hat eine weiße Pfote", schrie das Geißlein. Die Geißlein gingen wieder ins Wohnzimmer und spielten weiter mit ihrer Playstation. Verärgert schlich der Wolf davon. "Hm", überlegte er, "wie könnte ich meine Pfote weiß färben?" Da kam ihm eine zündende Idee: "Ah, ich gehe zum Baumarkt und tauche meine Pfote in einen Eimer weißer Farbe."

 Inzwischen hatte die Geiß ihre Frühjahrsgarderobe mit einem Minirock, einem Bikini und einer neuen Sonnenbrille aufgefrischt. Als sie sich gerade noch neue Ohrringe kaufen wollte, sah sie, wie der Wolf in den Baumarkt gegenüber ging. "Oh, renoviert der Wolf etwa sein Haus?", dachte sie. "Na ja, dann kommt er wenigstens nicht auf dumme Gedanken." Während die Geiß noch ein Tässchen Kaffee trank, flitzte der Wolf mit seiner weißen Pfote erneut zu den Geißlein. Er klingelte ein drittes Mal. "Wer ist da?", fragte ein Geißlein. "Ich bin's, eure Mami", antwortete der Wolf mit hoher Stimme, und als sie durch das Fenster eine weiße Pfote sahen, freuten sie sich und öffneten die Tür. Die Geißlein bekamen einen riesigen Schreck, als sie das Gesicht des Wolfes erblickten. Ein Geißlein versteckte sich, so schnell es konnte, in der Waschmaschine, eins unter dem Tisch, ein Geißlein im Schrank. Das kleinste Geißlein versteckte sich im Bettkasten, ein anderes hinter der Tür; das größte sprang in die

Duschkabine und das letzte verschwand hinterm Sofa. Die Geißlein hatten sich so schnell versteckt, dass der Wolf nicht alle Verstecke mitbekommen hatte. "So ein Mist", dachte er sich und fing an zu suchen. Alle Geißlein bekamen Herzklopfen. Als erstes entdeckte er das hinter der Tür. "Hilfe! Hilfe!", schrie es, doch schon war es verschluckt worden. Als zweites fand er das Geißlein unter dem Tisch. "Helft mir, ich wi ...", kreischte dies, aber es konnte seinen Satz gar nicht beenden, so schnell hatte es der Wolf gefressen. Nach und nach fand er so alle und verschlang sie. Nur das kleinste im Bettkasten nicht, es verhielt sich ganz ruhig und atmete kaum. "Ach, das war ein Festessen, aber jetzt erst mal ein Mittagsschläfchen!", seufzte der Wolf; er schleppte sich in den Garten und machte es sich im Liegestuhl bequem. Er schlief sofort ein und schnarchte unüberhörbar laut.

Kurze Zeit später kam die Geiß zurück und wunderte sich, dass die Tür weit offen stand. Sie rannte ins Haus und sah, wie die Möbel kreuz und quer im Zimmer herumlagen. Die Geiß rief alle Geißlein mit ihren Namen, doch keins antwortete. Als sie das kleinste rief, erwiderte das: "Ich bin im Bettkasten." So holte die Geiß es heraus. Es erzählte ihr, dass der Wolf gekommen sei und alle gefressen hätte. Die Geiß weinte schrecklich, bis sie in den Garten lief, das Geißlein hinterher. Sie sahen, dass der Wolf im Liegestuhl schlief. "So, wir machen das jetzt wie in Grimms Märchen: Wir schneiden dem Wolf den Bauch auf. Schnell, hol das elektrische Küchenmesser!", sagte die Geiß. Gesagt, getan – und die Geißlein schlüpften nacheinander heraus. "Jenny, Tom, Felix, Jessica, Kelly und Tim!", zählte die Geiß auf. "Gut, alle da." Keins war verletzt. "Schnell, lauft zu der Baustelle und holt Ziegelsteine, so viel ihr tragen könnt!", sagte die Geiß. Sie stopften dem Wolf den Bauch mit Ziegelsteinen voll. "Kommt, wir tackern den wieder zu", schlug die Geiß vor.

Als der Wolf wieder aufwachte, hatte er einen riesigen Durst von den Ziegelsteinen. Er schleppte sich zum Swimmingpool und trank, aber er wurde von den Ziegelsteinen ins Wasser gezogen und musste bitterlich ertrinken. Die Geißlein rappten um den Pool herum: "Der Wolf, der Wolf ist tot, der Wolf, der Wolf ist tot." Und wenn sie nicht gestorben sind, dann rappen sie noch heute.

Alisa Böhme (10), Wirtemberg-Gymnasium Stuttgart-Untertürkheim

Aschenputtel

10.12.2006:
Liebes Tagebuch, ich bin immer noch nicht wirklich über Mamas Tod hinweg, obwohl sie nun schon gut ein Jahr tot ist. Paps hat leider seit zwei Monaten eine neue Freundin. Die beiden haben vorgestern geheiratet. Das ist furchtbar, weil sie so gemein zu mir ist. Sie lässt mich die ganze Hausarbeit machen, während sie keinen Finger rührt. Entweder merkt Paps das gar nicht – was ich nicht glaube – oder er lässt das nur zu, weil er seine neue Frau ja so sehr liebt. Das kann ich nicht haben, dass er sie noch mehr liebt als mich! Die neue Frau von Paps hat auch noch zwei Töchter. Die sind total eingebildet, und die haben Klamotten von D&G, während ich mit Second-hand-Kleidern rumlaufen darf. Mir gefällt es hier gar nicht. Hoffentlich trennt sich Paps bald! Die einzige Person, der ich vertrauen kann, ist Frau Boller, eine alleinstehende Dame aus der Nachbarschaft; ich heule mich oft bei ihr aus. Zum Abschied bekomme ich bei Frau Boller immer Schokolade, weil sie meint, das würde mich glücklich machen.

23.12.2006:
Ein Tag vor Weihnachten! Aber an Weihnachten bekomme ich ja sowieso keine Geschenke! Liebes Tagebuch, beinahe hätte sie mich erwischt! Die Stiefmutter kam ins Zimmer. Sie meckerte: "Aschenputtel, du hast die Wäsche noch nicht in den Trockner geräumt, das machst du jetzt und dann gehst du ins Bett!"

24.12.2006:
Um 10 Uhr vom Sonnenlicht aufgewacht! Heute durfte ich endlich mal ausschlafen, denn sonst muss ich das Frühstück richten. Wahrscheinlich gibt es außer Tannenbaum schmücken und Trockner ausräumen nichts mehr zu tun! Ich durfte sogar mit in die Kirche. Nach der Kirche gab es Essen, dann wurde beschert. Ich bekam sogar ein kleines Geschenk: einen Lippenstift. Das hatte ich aber Pappi zu verdanken. Die Stiefschwestern bekamen einen Tanzkurs – um einen „Prinzen" zu finden. Ich wäre auch gern in einen Tanzkurs gegangen, aber das darf ich ja sowieso nicht.

8.1.2007
Heute war dann die erste Tanzstunde. Die Stiefschwestern kamen total happy nach Hause und schwärmten von den süßen Jungs. Liebes Tagebuch, ich bin total neidisch auf den Tanzkurs, den meine Stief-

schwestern zu Weihnachten bekommen haben – ich habe nur einen Lippenstift gekriegt! Wenn ich nur wenigstens mit zum Abschlussball dürfte!

12.03.2007:
Heute fand der lang ersehnte Abschlussball statt. Ich wollte unbedingt mit. Ich hab's versucht, die Stiefmutter zu überreden, aber die ist leider stur geblieben. Ich lief wütend aus dem Zimmer. Als ich gerade die Treppe hoch rennen und in mein Zimmer gehen wollte, stieß ich mit Papa zusammen. „Mensch, Aschenputtel, was rennst du denn so rum, pass doch auf!" Na toll, jetzt motzt der mich auch schon an! Ich höre mir erst mal „Invasion der Killerpilze" an, die Killerpilze sind meine Lieblingsband. Die Musik ist einfach obergeil – und die Jungs auch!

Gleich nachdem der schwarze Toyota weggebraust war, ging ich zu Frau Boller. Als ich klingelte, fragte sie: „Was ist denn?" „Ich darf nicht mit zum Abschlussball." „Aber welcher Abschlussball?", fragte Frau Boller. „Na, der vom Tanzkurs, den meine Stiefschwestern machen. Ich wollte wenigstens mit zum Abschlussball, aber ich durfte nicht mal das." Da hatte Frau Boller eine Idee; sie ging an ihren Kleiderschrank, wühlte eine Weile darin, bis sie schließlich ein wunderschönes Kleid herauszog. „Hier, zieh das an, das ist mein altes Kleid vom Abschlussball. Ich fahr dich hin", flötete sie. Wie gut, dass ich meinen Lippenstift dabei hatte, so konnte ich mich schön machen. „Aber ... wenn mich meine Stiefschwestern erkennen?" „Tun sie schon nicht!", beruhigte mich Frau Boller. Bevor ich aus dem Wagen stieg, machte ich noch mit Frau Boller aus, dass sie mich um fünf vor zwölf wieder abholt, damit ich vor dem Rest der Familie zu Hause bin.

13.3.2007:
Vor der großen Eingangstür überlegte ich einen Moment lang, ob ich überhaupt reingehen sollte, ging dann aber doch. Drinnen angekommen, sah ich mich erst mal um; überall waren tanzende Paare, auf einer Bühne Musiker. Die Stiefschwestern hatte ich noch nicht entdeckt. Dafür sah ich einen hübschen jungen Mann in meinem Alter. Bei näherem Hinlaufen gefiel er mir immer besser. Als ich fast neben ihm stand, drehte er sich plötzlich um. Er sah mir in die Augen und sagte dann: „Ähm, hallo, ich bin Tim und du?" „Äh, Aschenputtel",

antwortete ich. „Oh, was für ein schöner Name!", fand Tim. „Wollen wir tanzen?", fragte er dann. „Ok!", und wir kamen ins Gespräch. Während des Tanzens hatte ich die Zeit vergessen; ich dachte erst wieder daran, als es zwölf Uhr klingelte und rannte plötzlich aus dem Saal; Tim wollte hinterher, aber ich war schneller. Doof nur, dass ich auf der Treppe einen Schuh verlor. Da Tim mir zu dicht auf den Fersen war, konnte ich ihn nicht mehr holen; also rannte ich weiter und sprang schnell bei Frau Boller ins Auto. „Sorry, bitte fahr schnell los!", sagte ich, während ich mich anschnallte. Frau Boller trat kräftig aufs Gaspedal und raste los. „Aber warum denn?", fragte sie. „Weil Tim mich sonst kriegt!" „Wer ist Tim?", fragte Frau Boller neugierig. Ich wollte es ihr nicht verraten und sagte nur: „Ach, jemand, den ich kennengelernt habe." Aber sie verstand sehr gut, was ich meinte. Irgendwann gestand ich ihr, dass ich den Schuh verloren hatte, aber sie beruhigte mich: „Die passen mir sowieso nicht mehr." Zu Hause angekommen, rannte ich schnell ins Haus, versteckte das Kleid und stellte mich schlafend.

14.3.2007:
Und jetzt das Happy End: Plötzlich rief Frau Boller an und sagte, ich soll schnell rüberkommen, Tim sei da! Mein erster Gedanke: Wie kommt denn der hierher? – Ich bin also rübergegangen. Dort begrüßte ich Tim mit einer Umarmung. Er erzählte mir dann seine ganze Geschichte: Er hat meinen Schuh auf der Treppe gefunden, hat dann zuerst alle Schuhläden der Stadt abgeklopft – erfolglos – war ja klar; dann fiel ihm ein, dass er sich ja Frau Bollers Autonummer gemerkt hat, er ging also zur Polizei und bettelte so lange, bis ihm gesagt wurde, dass die Nummer zu Frau Bollers Auto gehört. Zu Hause guckte er dann im Telefonbuch nach Amanda Boller, so hatte er ihre Telefonnummer und Adresse; sofort kam er zu Frau Boller und wollte mich sprechen, und sie erzählte ihm – fast – alles über mich. Dann rief sie mich an!

So oder ähnlich könnte es einem Aschenputtel heutzutage ergehen.

Melina Böhme (12), Wirtemberg–Gymnasium, Stuttgart–Untertürkheim

Weltmaschine

Die Welt ist so groß
Und ich so klein daneben
Drehe mich als Rädchen
In der riesigen Maschine

Woher aber weiß ich das?
Bin ich wirklich ein Teil der Weltmaschine?
Alle sagen immer
Dass jeder seinen Teil dazu beiträgt

Aber ich weiß es nicht
Woher soll ich das wissen?
Es gibt keine Beweise
Nur diese Feststellungen

Ich fühle mich so klein und unbedeutend
Ich richte nichts aus in der Welt
Ich lebe in der Welt
Die für unsere Generation geschaffen wurde

Aber habe keinen Einfluss darauf
Wie eine Ameise in ihrem Staat
Sie allein bewirkt nichts
Die Kraft kommt von allen gemeinsam

Räder für ein Problem, für eine Aufgabe
Sollten sich in eine Richtung drehen
Nicht gegeneinander
Das behindert und bremst alles

Wer hat die größte Macht?
Wer ist ein kleines Rad?
Und wer ein Großes?
Sind wir alle gleich groß?

Haben alle die gleichen Möglichkeiten?
Alle die gleiche Macht?
So sollte es sein
Jeder dieselbe Macht, dieselben Möglichkeiten

Aber so ist es nicht
Viele haben sehr viel mehr Macht
Bestimmen über andere
Ohne deren Zustimmung

Andere dagegen
Werden noch ausgeschlossen
Oder hintergangen
Soll das gerecht sein?

Maike Krogoll (20), ehemals Dillmann-Gymnasium Stuttgart

Capta sum – Gefangen
nach dem Gemälde „Roma Antica" von Giovanni Paolo Panini, 1756/57

Ich öffnete die Augen und erblickte einen großen und hohen Raum, den ich zuvor noch niemals gesehen hatte. Er war über und über mit Gemälden behängt, die man jedoch nicht richtig erkennen konnte, da sie mit einer dicken grauen Staubschicht bedeckt waren. Sie hingen so dicht beieinander und übereinander, dass zwischen ihren Rahmen die Wand nicht mehr auszumachen war.

Vorsichtig ging ich einen Schritt auf dieses Meer von Gemälden zu. Er hallte in meinen Ohren wider, so laut klang mein behutsamer Schritt auf dem kostbaren Marmorboden.

Ich bemühte mich, leiser zu gehen. Als ich endlich nur noch wenige Zentimeter vor der mit Gemälden gepflasterten Wand stand, spitzte ich meine Lippen und pustete sanft ein paar Staubflocken weg.

Was ich zu sehen bekam, verschlug mir die Sprache: Ein klares Hellblau eines Himmels leuchtete mir entgegen. Ich wollte mehr sehen, hauchte noch mehr weg und immer mehr, so gespannt war ich.
„Nur nicht zu hastig, sondern vorsichtig", pochte es in meinem Kopf.

Und endlich, nach einer Ewigkeit, wie es mir schien, konnte ich das Gemälde in seiner Herrlichkeit sehen. Formen, Ecken und Kanten, wohlgeformte Steine, Säulen, Bögen, die mich merkwürdigerweise an etwas erinnerten ...

Doch was war das gewesen? Ich hatte aus meinen Augenwinkeln schräg neben mir ein Huschen vernommen. Blitzartig drehte ich mich um.

In dem hinteren Teil des Raumes, den ich bisher gar nicht beachtet hatte, herrschte Dunkelheit, wenn nicht sogar schon Düsternis. Kein Wunder, dass ich ihn vorher ignoriert hatte!

Ich spähte ins Dunkle hinein und versuchte, irgendetwas auszumachen. Und ich erkannte plötzlich, dass es mehr als ein Huschen gewesen war. Es war ein Ton gewesen. Nein, mehr als das. Ein Flüstern.

Ich nahm all meinen Mut zusammen und fragte ein schüchternes „Hallo, ist da jemand?"

Keine Antwort.

Zaghaft setzte ich einen Fuß vor den anderen und näherte mich so der Dunkelheit. Langsam senkte sie sich auf mich herab, bis sie mich völlig umschloss. Ich blieb stehen und versuchte im endlosen Dunkeln irgendetwas auszumachen.

Da war es wieder. Ein Ächzen. Ich folgte der Richtung, aus der es gekommen war, und bemerkte einen weißen Fleck, der sich schnell vergrößerte, je näher ich ihm kam. Er entpuppte sich als drei lebensgroße Marmorstatuen, wobei eine von ihnen besonders herausragte. Es waren allesamt Männer, splitternackt, im Todeskampf mit einer Schlange. Doch das Besondere an ihnen war, dass sie sich bewegten!

Sie rangen mit der Schlange, zappelten in ihren Fängen, wanden sich unter ihrem Druck und ächzten und stöhnten, als sie sich immer enger um ihre Gliedmaßen wickelte. Das war es also, was ich vernommen hatte!

„Laokoon", wisperte ich und fragte mich, ob er mich wohl hören konnte. Ich streckte meinen Finger fasziniert aus, um sie zu berühren. Lebten sie wirklich? Warum konnten sie sich bewegen und besaßen eine Stimme, wenn sie doch aus Marmor bestanden?

Einige Millimeter aber bevor ich die Schlange berühren konnte, drehte sie ihren Kopf abrupt zu mir um. Ich erschrak. Ihre gelben Pupillen fixierten mich scharf und feindlich.

Reflexartig wich ich einen Schritt zurück, doch ehe ich mich versah, war ich über etwas gestolpert und lag auf dem Boden. Um mich herum nichts als Finsternis, nur vor mir die Laokoon-Gruppe in ihrem ewig währenden Todeskampf.

Da überkam es mich. Mir fiel ein, woher ich das, was auf dem Gemälde zu sehen war, kannte. Diese Gebilde und Gebäude waren auch auf meinen letzten Urlaubsfotos zu sehen gewesen.

Da klärte sich die Dunkelheit um mich herum ein wenig auf und entblößte schwach die barocke Halle, die mindestens zehn Mal höher war als ich und übersät war mit Bildern und Skulpturen, die sich alle auf ihren erhabenen Sockeln bewegten. Blasses Licht fiel auch auf die Gemälde und ich wusste, dass ich richtig lag. Es waren die antiken Monumente Roms. Und mit einem Schlag wusste ich, wo ich mich befand.

Da klärte sich auch der letzte Schatten auf und ich erblickte ganz auf der anderen Seite des Raumes einen enorm großen Spiegel, der von zwei Vorhängen rechts und links oben eingerahmt wurde. Doch er spiegelte nicht diese Halle wider.

Ich ging näher hin und bemerkte, dass ich durch ihn hindurch in ein großes Augenpaar sehen konnte. Ich winkte ihm zu, hüpfte auf und ab, zappelte und schrie, aber das Augenpaar blieb leer, als ob es mich nicht bemerkt hätte. Dann entfernte es sich und gab mir die Sicht auf einen weiteren Raum frei, einen Museumsraum, mit noch viel mehr Augenpaaren und den dazugehörigen Menschen, die ganz andere Gemälde angafften.

Meine Vermutung über meinen Aufenthaltsort hatte sich bestätigt. Ich war in Paninis Werk „Roma Antica" gefangen. Tatsächlich gefangen. Gefangen wie Laokoon.

Gefangen mit Rom.

Gefangen in Rom.

Simone Wieland (17), Neues Gymnasium Stuttgart-Feuerbach

Nachtseiten

Nacht

Nacht
Du bist der
Einzige Freund
Den ich noch habe

In dir kann ich
Mich verlieren
Mich sammeln
Mich wiederfinden

In dir kann ich
Weinen und schreien
Toben und wüten
Zittern und beben
Lachen und leben

In dir kann ich
Erhobenen Hauptes trauern
Dir kann ich alles
Beichten

Du gibst mir
Kraft
Für das
Morgendliche
Grauen

Asadeh Motejadded (17), Stiftsgymnasium Sindelfingen

Into the light

Walking down
the road of darkness
I lift my eyes up
to a bright blue sky

In my hands
I'm holding
The fragile wings
Of a rotten fly.

My wings are black
In a light grey touch
And so I am
I'm black within.

I'm spreading out my
Light dark pinion
And I'm leaving
Leaving the darkness
under my feet

And as I fly
From the shady earth
up to the heavens
my wings are changing
and so I am.

From darkness to light.
I'm changing.
Leaving my sad past behind me
I'm starting a new life
In that place beyond the sky.

Hanna Kim (16), Dillmann-Gymnasium Stuttgart

Wunder der Nacht

Nachts, wenn alles ruhig ist und nur die Uhr tickt,
dann kommen sie und fesseln dich für Stunden.
In einer Nacht bis zu achttausend.
Sie sind überwältigend.
Es sind die Träume.
Jeder träumt.
Und jeder träumt auch einmal schlecht,
schreckt mitten in der Nacht schweißgebadet hoch,
froh, dass es nur ein Traum war.
Und jeder träumt auch einmal gut,
wacht morgens auf,
hat ein fantastisches Abenteuer erlebt
im brasilianischen Dschungel
oder in der Sahara.
Vielleicht auch in den Bergen.
Hat seine große Liebe gefunden,
oder einfach nur seinen Spaß gehabt.
Am Morgen erinnerst du dich an nicht viele Träume.
Wenn du Glück hast, an zwei schöne.
Wenn nicht, an zwei schlimme.
Aber eines bleibt sicher:
Die anderen siebentausendneunhundertachtundneunzig Träume –
sie sind vergessen.
Du wirst dich nie wieder an sie erinnern!

Heike Koch (14), Neues Gymnasium Stuttgart-Feuerbach

Das Echo

Das von Tau überzogene Laub knistert unter den alten abgeschabten Stiefeln. Sie gehören einem jungen Mann, der dick eingemummt in Schal und Mütze durch den düsteren Wald stapft. Fluchend, aber doch ängstlich knippst er seine Taschenlampe an und leuchtet hoch über sich in einen der schwarzen Bäume. Es kommt ihm so vor, als hätte dort jemand geschrien: „Mörder, Mörder, du bist ein Mörder!" Plötzlich zieht ein dunkler Schatten an der Scheibe vorbei, die hell am Himmel steht. Was war das? Ein Vogel? Doch schon ist nichts mehr zu sehn; der Mond leuchtet wie zuvor, ein mächtiger Beschützer zwischen den Sternen. Und wieder der Schrei. Der Mann gerät in Panik! Die Wölkchen seines unregelmäßigen Atems zerstäuben in der eisigen Nacht. Er beginnt zu laufen, schneller, immer schneller. Der Strahl seiner Lampe hüpft auf und ab. Mal streckt ein Busch seine dünnen Finger in den Lichtkegel, mal grinst ihn die Höhlung eines dicken Baumstammes hämisch an. Sein Schuh prallt gegen etwas Hartes. Der Mann rudert mit den Armen in der Luft. Doch zu spät, er fällt. Seine Hände landen weich. Liegt da ein totes Tier unter ihnen oder einfach nur Moos? Er bereut, dass er sein Handy nicht mitgenommen hat. Er ist doch unschuldig. Kann er etwas dafür, dass seine Freundin gestorben ist? Er hat schließlich nicht mit Absicht das Auto den Hang hinunterrollen lassen! Warum hat er nicht die Polizei gerufen? Warum ist er geflohen? Nun liegt er hier in diesem widerlichen Wald auf dem feuchten Boden und kann nichts mehr sehen. Die Sonne der Nacht scheint endgültig hinter einer Wolke verschwunden sein. In der Nähe knackt ein Ast, oder sind das Schritte? Der Wind haucht ihm klirrende Kälte ins Gesicht. Die Tränen auf seinen Wangen gefrieren, seine Finger werden steif. Blätter flüstern miteinander. Erst leise, dann immer lauter, bis er sich nicht mehr vor den Stimmen verschließen kann. „Mörder", rufen sie ihm zu, „du bist ein Mörder. Du musst sterben. Wir dulden keinen Mörder in unserem Wald." Der Mann fängt an zu zittern, steht langsam auf und dreht sich um die eigene Achse. Das Wort, vor dem er sich so fürchtet, nistet sich in seinem Körper ein. Fast ohnmächtig lehnt er sich an einen Baum. Hinter geschlossenen Liedern sieht er seine Freundin, die auf dem Beifahrersitz liegt. Tot. Plötzlich schweigen die Blätter. „Ja", denkt der Mann, „ich bin ein Mörder." Er macht die Augen auf und sieht, dass der Mond zurückgekehrt ist. Die Baumkronen erstrahlen silbern in seinem Licht und über ihnen wölbt sich ein klarer, tiefblauer Himmel, an dem unzählige Sterne glitzern. Der Mann merkt nicht, dass er weint. Er lächelt. Die Welt ist doch schön!

Lena Haidle (14), Hohenstaufen-Gymnasium Göppingen

Strukturen

Ein kaltes Gemenge, Beton und Metall,
ragt leblos und hohl
empor in den sonnengrauen Himmel.

Arbeiter von allen Enden der Welt
lassen Sprachfetzen durch das Skelett
des mit Rohren durchzogenen Gebäudes
hallen

Unvollendet vollendet es das Leben.
Wasser durchnässt Steinwolle
in den dunklen Gruben,
wo Maßarbeit
von Schatten verschluckt wird.

Mit Gewalt wird die Natur zerstört,
geplant, aber von Nutzen –
für wen
auch immer.

Max Demel (15), Dillmann-Gymnasium Stuttgart

Pantoffeltierchen

Es war gerade fünf Uhr morgens, ich lag in meinem Bett und dachte nach, wie ich den Tag verbringen könnte, ohne arbeiten zu müssen.
    Eine Ausrede wie am Tag zuvor kann ich nicht mehr bringen. Die Geschichte mit der Straßenbahn, die sich total verfahren hatte, war für meine Verhältnisse eigentlich ganz gut, aber lassen wir das.
    Plötzlich hörte ich ein Geräusch von unter meinem Bett. Eine Art Fiepen, jedoch sehr unterdrückt, beinahe ein Gurgeln. War mein Nachbar von unten mal wieder dabei, seine Halsschmerzen zu kurieren?

Eine Weile lag ich ganz still da und lauschte. Nichts. Wahrscheinlich nur einer meiner Nachträume. Ein Blick auf die Uhr verriet mir, dass ich jetzt so allmählich aufstehen sollte. Langsam setzte ich mich auf und schwang meine Beine über den Bettrand. Kurz bevor meine Füße den Boden berührten, hörte ich es wieder. Das Geräusch, das jetzt allerdings nicht mehr gedämpft, sondern eher wie ein Gong auf eine Triangel klang. Mein einziger Gedanke war, dass die alte Frau nebenan auf ihre alten Tage doch noch musikalisch geworden war. Erst später fiel mir auf, dass man als Gehörgeschädigte damit wohl kaum eine Chance hat.

Ich angelte mit meinen Füßen nach meinen Hausschuhen und schlüpfte hinein. Noch ehe ich mich versehen hatte, begann ein Kreischen, das meine Trommelfelle zu einer Art Fetzen werden ließen, die einem dieser neumodischen Kleider sicherlich nicht ganz unähnlich sahen. Dieses schrille Gejaule schien vom Boden her zu kommen, deshalb rannte ich so schnell wie möglich raus aus meinem Zimmer in die Küche, nur um dort zu merken, dass das Schreien hier genauso laut zu hören war wie bei mir.

Mit den Fingern in den Ohren beugte ich mich runter zu meinen Füßen. Es war zwar absolut absurd, dass mir jemand eine „Schreibombe" an meine Hausschuhe geklebt hatte, aber ich konnte mir nicht vorstellen, dass Herr Müller seinen Hals so schnell kuriert hatte, dass sein lautes Organ auf diese Weise funktionierte.

Aus meiner Schublade fischte ich noch gleichzeitig ein Paar Ohropax, zerrte die flauschige rosa Watte herunter und stopfte mir das klebrige Zeug in beide Ohren.

Dann widmete ich mich meinen Hausschuhen. Das Geschrei hatte sich inzwischen gelegt. Ich betrachtete den Pantoffel von allen Seiten, entdeckte jedoch nichts Außergewöhnliches. Doch dann – wieder ein Geräusch. Ein Surren, wie das schwingender Flügel. Es kam aus meinem Schuh!

Ich horchte genauer hin. „Wasch mal deine Füße gescheiter, das ist ja unerträglich." Erschrocken fuhr ich zurück, nicht nur, weil mich jemand so direkt beleidigt hatte, sondern weil mir plötzlich klar wurde, was da aus dem Schuh zu mir sprach. Die einzige Möglichkeit war – ein Pantoffeltierchen!

Caroline Haro (15), Dillmann-Gymnasium Stuttgart

Frühling

Es ist der erste Frühling, den ich mir ihr erlebe. Sie macht mich glücklich. Sie zeigt mir, dass ich wichtiger als all die anderen bin. Durch ihre Liebe.

Sein starker Körper bewegt sich vor mir. Ich liebe es, ihn anzuschauen. Wie er seine Beine kraftvoll auf die Erde setzt. Der herbe Duft des Waldbodens. Sein Anblick. Ich bin glücklich.

Die Tage mit ihr sind die schönsten meines Lebens. Ich fühle mich, als würde ich schweben. Ich bin auf Wolke Sieben und noch höher.

Er ist ein Traum. Dieser Frühling wird der Frühling meines Glücks. Unseres Glücks. Die violetten Blumen am Wegrand werden zu Zeugen unserer Liebe.

Seht alle her! Ich liebe sie! Ihre Worte. Wie sie die Farbe eines kleinen Grashalms beschreibt und empört über zertretene Pflanzen schimpft. Ich will sie küssen.

Bergab zu gehen, das ist sexy. Wenn er es tut. Denn bewegt er sich so elegant. So voller Anmut. Ich verliere mich in seinem Anblick.

Achtung, Liebes! Hier wird es steiler. Ich biete ihr meine Hand an. Ihr junger Körper aber huscht vor mir durch den Wald. Wie schön sie ist.

Ich liebe ihn! Ich liebe ihn! Der Frühling kann nicht schöner sein. An keinem anderen Ort. Zu keiner anderen Zeit. Das ist das Leben.

Die Luft ist warm. Klar. Ich schließe meine Augen und genieße mein Glück. Ich mache einige Schritte, fühle die Natur. Alles ist so intensiv. Das Leben.

Ich schreie. Sein Name ist das letzte, was ich ausspreche. Sein Gesicht ist das letzte, was ich sehe. Seine geschlossenen Augen. Ich will sie küssen. Ihn.

Nein. Nein!

Ich stürze. Es war zu steil. Die Spur war zu tief. Ich spüre den Dreck in meinem Gesicht. Spüre meine Beine nicht mehr, nicht meinen Rücken.

Nein! Ich stehe am Abgrund. Ich sehe sie und schreie.

Ich höre seine Stimme. Das letzte Mal.

Tränen, die niemals in Worte zu fassen sind, fallen auf die feuchte Erde. Es war der erste Frühling mit ihr. Es war mein letzter. Ich sehe ihn. Er macht sich auf den Weg nach Hause. Zum Ameisenhaufen. Dort wird er begrüßt, doch er ist nicht wichtig. Nicht wichtiger als all die anderen.

Kira Sagner (19), Eduard-Mörike-Gymnasium Neuenstadt

Do you really live?

We live
In a world
Of darkness and pain ...
Do you know
Your life?
If you live
You're staying
In a world
That was created
For you
A world
That we can change
A world we changed
Into a place
Full of hatred
Sadness
Anger ...
Don't you want to dwell
Somewhere
Where all these
Human issues
Don't exist?
In that place
Called heaven.

Hanna Kim (16), Dillmann-Gymnasium Stuttgart

Die Putzfrau
Assoziationen zu Duane Hanson (1925-1996)

Das Leben
rechts, links
wo ist der Trost?
wenn es immer nach rechts
und immer nach links geht

alt und verblasst
das Leben hängt am dünnen Faden
das Ende ist nicht weit entfernt
nach rechts
die Hoffnung ist schon lang vergessen
nach links
der Fluss hat einmal angefangen zu fließen
nach rechts
und er wird nicht mehr aufhören zu fließen
nach links

nach rechts
nach links
nach rechts
nach links
und aus

Lazaros Ilonidis (17), Neues Gymnasium Stuttgart-Feuerbach

Trübes Wasser wäscht nicht gut

Es war einmal eine Zeit, lange vor unserer, da waren die Menschen unrein und dreckig. Denn sie hatten keine Möglichkeit, sich zu reinigen. Als die Götter zufällig einen Blick auf die Welt warfen, wurde ihnen dieser Missstand ein Dorn im Auge, und um den Menschen, denen ein grundsätzliches Bedürfnis nach Reinheit innewohnte, Befriedigung zu verschaffen, gaben sie ihnen Wasser. Doch sie ermahnten die Menschen: „Geht sorgsam damit um, denn dieses Wasser ist rein und trübes Wasser wäscht nicht gut." Die Sterblichen folgten dem Gebot ihrer Götter und gingen sehr sparsam und rücksichtsvoll mit ihrem Geschenk um. Sie fühlten sich zufrieden und frei und waren sehr dankbar. Doch Jahrhunderte vergingen, mit ihnen Generationen, und die Weisungen der Götter gerieten in Vergessenheit. Die Menschen begannen, nicht nur sich selbst, sondern auch ihre Kleider und ihr Vieh im göttlichen Wasser zu waschen, sodass es dreckig und trüb wurde und nicht mehr zu gebrauchen war. Da besannen die Menschen sich ihrer Ahnen und der alten Götter und baten sie, ihnen neues, klares Wasser zu geben. Ihre Gebete wurden nicht erhört. Auch die Götter hatten die Menschen vergessen.

Olaf Diehl (20), Eduard-Mörike-Gymnasium Neuenstadt

The Scream
nach dem gleichnamigem Bild von Edvard Munch

Ein Schrei
Durchfährt die Stille
Am Pier
Ist die Welt zu Ende
Wassermassen stürzen hinunter
Die Welt ist entzweigebrochen
Wogen des Entsetzens
Am Ende der Welt
Ebbe des Todes
Die Erde wird mitgerissen
Der Pier steht in der Wüste
Ein Fisch
Ohne Bewegung
Die Sonne
Ist weg
Wolken
Ziehen über den Abhang
Ein Schrei
Der Tod

Jens Erat (18), Neues Gymnasium Stuttgart-Feuerbach

Weihnachtsstimmung

Fest entschlossen stehe ich inmitten von eilenden Menschen, die mit sich selbst beschäftigt sind und ihre Umgebung kaum wahrnehmen. Hektisch rennen sie mit ihrem Gepäck an mir vorbei. Viele Menschen fahren mit dem Zug, um ihre Angehörigen an Heiligabend zu besuchen. Ich schaue auf die große Uhr, die sich am Eingang der Halle befindet. Nur noch 20 Minuten, dann kommt der Zug am Bahnsteig an. Die letzten 20 Minuten meines Lebens haben begonnen. Noch ein letztes Mal will ich mich an den glücklichsten Moment unserer gemeinsamen Zeit erinnern. Als du mir heute vor einem Jahr mitgeteilt hast, dass du schwanger bist, war ich der glücklichste Mensch auf Erden, denn ein Kind hatten wir uns immer gewünscht. Ein Kind würde unsere Liebe besiegeln. Das war für mich das schönste Weihnachtsgeschenk, das ich je bekommen habe.

Doch das Schicksal hatte etwas anderes mit uns vor. Wie gerne würde ich die Zeit zurückdrehen. –

Noch 15 Minuten.

Die Menschen hasten von einem Termin zum anderen. Nur selten entspannen sie und nehmen sich Zeit für die Menschen, die sie lieben. Sie sind sich ihres Glückes nicht bewusst und denken, es wird ewig so sein. Ich habe auch gedacht, dass wir für immer zusammen sein werden. Als der Arzt mir dann die schreckliche Nachricht überbrachte, brach für mich die Welt zusammen. Ich konnte nur noch weinen. Warum musste es gerade dich treffen? Man sollte doch eigentlich denken, Kinder zu bekommen, sei das Normalste auf der Welt.

Wieso gab es gerade bei dir Komplikationen, als du unsere Tochter zur Welt brachtest? –

Noch 10 Minuten.

Ich kann meine Tochter nicht so lieben, wie es ein Vater tun würde. Und dafür hasse ich mich. Immer, wenn ich in ihre Augen blicke, muss ich daran denken, dass sie mir das Liebste genommen hat. Du bist nur gestorben, damit sie lebt. Ich gebe ihr die Schuld, dabei kann sie gar nichts dafür. Wäre sie nur an deiner Stelle gestorben. Wir hätten noch mehr Kinder bekommen können. –

Noch 5 Minuten.

Das Leben hat für mich keinen Sinn mehr. Was soll ich noch auf dieser Welt? In ein paar Minuten werde ich bei dir sein. Ich greife in meine Manteltasche, um ein Bild von dir hervorzuholen und dein Lächeln ein letztes Mal zu sehen.
Nun kann ich die Lichter des Zuges sehen und schließe die Augen.

Doreen Köhler (15), Albert-Schweitzer-Gymnasium Neckarsulm

WIR

WIR, ein kleines Pünktchen im Universum.
WIR, ein verlorener Erdball im Nichts.
WIR, Milliarden von Menschen.
SIE, Billiarden von Problemen.

Was ist das Leben?

Was ist die Liebe,
warum gibt es sie?

Was ist der Hass,
warum gibt es ihn?

Warum sind wir hier?

Wer sind wir?

Gibt es Gott?

Gib es ein Leben nach dem Tod?

Warum so viele Fragen und keine Antworten?

WIR

Serena Devona (15), Neues Gymnasium Stuttgart-Feuerbach

Gegangen? Geblieben?

Warum bist du
   gegangen
nicht
   geblieben
oder bist du
   noch
da.

Warum bin ich
   geblieben
nicht mit dir
   gegangen
oder bin ich
   doch
bei dir?

Jeannette Anniés (14), Neues Gymnasium Stuttgart-Feuerbach

Liebe in Vergessenheit

1
Der Tag ist nah,
Bald ist er endlich da.
Ihm wird ihr Herz nun gehören.
Ihm wird sie ewige Treue schwören!

2
Mama,
Wo ist Papa?
Warum darf ich ihn heut nicht sehen?
Warum musste er nur gehen?
Ihr habt euch doch geliebt so sehr?
Liebst du mich bald auch nicht mehr?

Sandra Reich (19), Neues Gymnasium Stuttgart-Feuerbach

Zeitfluss

die zeit rinnt unaufhörlich vorwärts
ohne stehen zu bleiben
läuft sie unaufhaltsam in ihrem eigenen
fluss und schreitet stets und stetig
voran während sie den eigenen fortschritt
nicht beachtet den sie verursacht
und trotzdem immer ihren
lauf beibehält aber der mensch lebt in
der vergangenheit deshalb mündet bei
ihm alles in einer verklingenden
wiederholung
derholung
holung
ung

Carsten Dietzel (17), Neues Gymnasium Stuttgart-Feuerbach

Traumfabrik

Die Sonne ging langsam unter und färbte den Himmel orange-gelb. Die Luft war erfüllt von einem süßlichen Duft von blühenden Narzissen. Die große Leinwand ragte über dem Platz wie ein großer Fels aus dem Wasser. Etwa ein Dutzend Autos waren schon auf dem Platz geparkt, in jedem von ihnen saß ein Pärchen.

Er fuhr den Golf die Auffahrt hinunter auf den Platz und parkte ihn etwas abseits von den anderen Autos. Er ließ den Motor noch einige Sekunden lang laufen, dann drehte er den Zündschlüssel um. Sie hatten gerade noch genug Licht, um sich in die Augen zu sehen, einen Augenblick lang legte sich diese magische Spannung über die beiden, es schienen Stunden zu vergehen, ihre Blicke hatten sich getroffen und konnten nun nicht mehr voneinander ablassen.

Ein Mann mit einem Bauchladen war unbemerkt auf ihr Auto zugekommen und klopfte nun gegen die Scheibe. Beide schreckten zusammen und er kurbelte das Fenster herunter. Der Mann mit dem Bauchladen bot ihnen Erdnüsse und frisches Popcorn an. Er zögerte einen Moment und fragte sie dann, ob sie etwas wollte. Sie entschied sich für eine Tüte Erdnüsse und er kaufte zwei. Der Mann mit dem Bauchladen nahm das Geld entgegen, lächelte ihn an und ging zum nächsten Auto. Er kurbelte das Fenster wieder hoch und wandte sich seiner Begleitung zu.

„Ich war noch nie in einem Autokino", sagte sie. „Ich finde es etwas origineller als das normale Kino ... irgendwie ...", er stockte. „... romantischer?", versuchte sie seinen Satz zu beenden. „Ja", antwortete er kurz und sah ihr wieder in die Augen. Sie suchte nach Worten, um ihre Unsicherheit zu verbergen, doch ihre Blicke hatten sich getroffen und waren aufs Neue untrennbar. Wieder waren sie beide wehrlos und waren ihrem Schicksal ausgesetzt. Nichts war mehr von Bedeutung für ihn, er wollte sich für immer in ihren rehbraunen Augen verlieren. Er wollte ihr gerade ein Kompliment machen, da setzte die Anfangsmusik des Films ein. Wieder war die Spannung zwischen ihnen zerbrochen wie dünnstes Eis. Ihre Blicke verloren sich und richteten sich auf die Leinwand, wo nun in geschnörkelten Buchstaben der Titel des Films flimmerte: Ein Bett im Kornfeld.

Der Film gefiel den beiden sehr, auch wenn sie sich oft nicht auf den Film konzentrierten, sondern auf die Blicke des anderen. Im Film glichen die Situationen so oft denen der Realität, dass sie für einen Moment lang dachte, ihr eigenes Leben wäre verfilmt worden, mit ihm in der Hauptrolle.

Der Film neigte sich dem Ende zu, die Erdnusstüten leerten sich auch nach und nach und langsam baute sich die Spannung zwischen ihren Blicken erneut auf. Das glückliche Ende des Films war schon vorauszusehen, jeder hatte überlebt, die zwei Hauptpersonen hatten sich gefunden, nun waren sie kurz davor, sich ihre Liebe zu gestehen. Für die beiden im Auto zählte der Film schon gar nicht mehr. Er ließ die Tüte aus Versehen fallen, griff nach ihr, sie reagierte gleichzeitig, ihre Hände berührten sich. Sie hatten die Ewigkeit erreicht. Noch wenige Sekunden, dann hatten beide den Mut gefunden, den anderen zu küssen. Sie hätte es sich nicht besser vorstellen können und er war noch komplett gebannt. Zwei Welten verschmolzen zu einer, der Abspann lief, ein Traum war für sie in Erfüllung gegangen und er hatte mit seiner Entscheidung, ins Autokino zu fahren, recht gehabt. Es war viel romantischer. Die anderen Autos fuhren vom Platz, nur ihr Golf stand noch in der Dunkelheit, unbemerkt, unauffällig, doch der einzigste Platz auf der Welt, den die beiden ihr Paradies nannten.

Nathan Haezeleer (17), Dillmann-Gymnasium Stuttgart

Land anständiger Leute

Ich saß in unserer Einzimmerwohnung und las. Es war schon dunkel, als es stürmisch klopfte. Meine Mutter zuckte zusammen. Sie schien genau zu wissen, was passieren würde. Ihre Hand fuhr zur Türklinke und mein Vater stolperte ins Zimmer. Sein Hemd war zerrissen, aus einer Wunde am rechten Arm tropfte Blut. „Mach das Licht aus", keuchte er atemlos, „sie jagen mich." Im nächsten Moment war die kahle Birne, deren mickriges Licht monsterhafte Schatten an die Wand geworfen hatte, erloschen. Ich wusste nicht, was los war, aber ich blieb wie gebannt sitzen und sagte kein Wort. In der Finsternis, die mich umgab, glaubte ich mein Herz schlagen zu hören, doch es war nur der Regen, der gegen das Fenster prasselte. Dann zersprang die Stille. Im Gang ertönten schwere Schritte, die in genagelten Stiefeln herankamen, und mit einem lauten Knall wurde unsere Tür aufgestoßen. Im Rahmen stand ein Bulle mit massigem Schädel, dessen Umrisse sich von dem grellen Flurlicht scharf abzeichneten. „Komm raus, du schwarze Sau", sagte er bedrohlich ruhig, „oder sollen wir dich holen?" Ohne eine Antwort abzuwarten, trat er mit vier weiteren Männern in die Wohnung. Die Eindringlinge packten meinen Vater an den Armen. Er versuchte sich zu wehren, aber die Schläger waren stärker. Sie zerrten ihn in den Regen. Ich rannte zum Fenster und sah, wie sich mein Vater loszureißen versuchte. So hatte ich ihn noch nie erlebt. Das war nicht mehr mein mutiger Papa, sondern ein Verzweifelter, dem die Angst ins Gesicht geschrieben stand. Wieder und wieder versuchte er, sich zu befreien, obwohl es sinnlos war. Ich spürte den Schweiß auf meiner Stirn. Der Anführer brüllte ihn an: „Das ist ein Land für anständige Leute hier, verstanden! Wir lassen uns unsere Heimat nicht von Schmarotzern klauen, hast du das kapiert, ja? Hast du das kapiert?" Und dann holte er mit dem Baseballschläger aus. Das Holz traf den Kopf. Ich hörte einen Schrei, ich hörte ein Knacksen – und mein Vater sank zu Boden. Sein Gesicht spiegelte sich in einer Pfütze. Blut rann ihm die Stirn herunter. Die Männer zogen ihn ohne Mitleid hinter sich her. Bevor sie in der Dunkelheit verschwanden, drehte sich der Bulle noch einmal um und blickte verächtlich auf unser Wohnhaus. Die Gesichtszüge, die ich im Licht der Straßenlaterne wahrnahm, kamen mir bekannt vor. Aber erst nachdem ich aus meiner Bewusstlosigkeit wieder erwacht war, erinnerte ich mich daran, wo sie mir bereits ins Auge gefallen waren: Sie gehörten dem Mann, der im Supermarkt die Flasche Rum in seine Jackentasche gesteckt hatte.

Lisa Silvester (13), Hohenstaufen-Gymnasium Göppingen

Die dritte Welt

Drogenhandel in Südamerika,
Flucht vor den autoritären Regimen Afrikas
und Emigration nach Spanien,
die im selben Moment wieder zur Abschiebung wird.
Prostitution in Asien.
Diebstahl in der ganzen dritten Welt.
Reis statt Hummer,
schmutziges Wasser statt Champagner aus Frankreich,
Wirtschaftskrise statt Aufschwung,
Bürgerkrieg statt des nächsten Lufthansaflugs auf die Malediven.
Nichts außer dem eigenen Leben statt Milliarden von Euro,
Strohmatten statt eines Himmelbetts,
Sklaverei statt Menschenrechte,
Bomben statt Blumen,
Tod statt Leben.,
Krieg statt Frieden.

Natalie Mutschelknaus (18), Neues Gymnasium Stuttgart-Feuerbach

Ohnmacht?

Schon damals war sie einfach vom Stuhl gekippt und hatte sich ohnmächtig gestellt. Also, warum nicht jetzt auch?
So wird die Arbeit nicht gezählt werden, sie dürfte nachschreiben, hätte mehr Zeit zum Lernen und die Ausrede, dass so was schon früher vorgekommen war, irgendwas mit Kreislaufproblemen würde ihr sicher noch einfallen.
Heute morgen hatte sie schon versucht sich zu drücken, erst hatte sie „vergessen" den Wecker zu stellen und gehofft, dass die Eltern aus dem Haus gehen würden mit dem Gedanken, sie wäre auf dem Schulweg oder noch im Bad. Aber um Punkt sieben wurden in ihrem Zimmer die Rollläden hochgezogen und die Fenster geöffnet.
Die Mutter stand im Zimmer, um ihre Tochter zu wecken, hatte extra Frühstück für sie gerichtet, da sie doch von der Prüfungsangst ihrer Tochter wusste. Sie hatte doch immer lange für Arbeiten gelernt, und als die Mutter sie abgefragt hatte, wie aus der Pistole geschossen geantwortet, doch dann, wenn sie im Klassenarbeitszimmer saß, in schweißnassen Händen das zu bearbeitende Blatt hielt und die Stille kaum mehr ertragen konnte, war alles wie aus ihrem Gedächtnis gelöscht. Wie schafft man es, aus drei Variablen x, y und z zu eliminieren? Was war noch einmal die spanische Übersetzung für „Können wir das Band noch einmal anhören?"?
Und dann saß sie da, hörte das Kratzen der Füller ihrer Mitschüler und starrte selbst vor ein leeres Blatt.
Sie erinnerte sich, wie sie unauffällig angefangen hatte, mit dem Stuhl zu wippen, sich immer weiter nach hinten gelehnt hatte. Und dann einmal kräftig abstoßen und das Allerwichtigste: Nicht bewegen, wenn man auf dem Boden liegt, nicht reagieren auf entsetzte Schreie oder nasse Waschlappen im Gesicht .
Langsam, aber sicher vernahm sie ein quietschendes Geräusch ihres Stuhles.

Eleni Ntokalou (15), Albert-Schweitzer-Gymnasium Neckarsulm

Allein zu Hause

Dieses Geräusch. Dieses Knacken. Dieses Kratzen an der Tür. Leise, tapsige Schritte kommen näher und verlieren sich in der Dunkelheit. Was ist da? Ein Einbrecher? Was will er? Angst, große Angst. Allein zu Hause. Die alte Wanduhr schlägt. Sieben, acht, neun Mal. In einer Stunde kommt Mutter zurück. Und da, schon wieder! Wer kratzt da an die Haustüre? Was will er von einem siebenjährigen Jungen, der sich vor der Türe in die Ecke kauert? Was jetzt tun? Verzweiflung. Hilflosigkeit. Zittern am ganzen Körper. Die Haare stellen sich langsam auf. Ein fürchterliches Gefühl. Ein Krächzen und wieder dieses Knacken. Was tun? Aber was war das? Ein Jaulen? Nein, das konnte nicht sein. Oder? Vielleicht ... Nein. Suchen nach einem harten Gegenstand. Dort, der Besen. Das Öffnen der Tür, auf zitternden Beinen. Die Hand, die den Besen gefasst hat, zum Ausholen bereit. Aber da, das gibt es nicht! Nur ein kleines, nasses Wesen aus Fell im tiefen Schnee. Die Katze von nebenan. Was macht die denn hier! Die Katze war wohl schnell ins Haus gesprungen und behändig die Treppe hoch gelaufen. Wahrscheinlich springt sie jetzt in Mutters Bett. Sie wird schimpfen. Egal. Rasch wird die Tür geschlossen. Wieder allein. In einer halben Stunde kommt Mutter zurück. Warten. Endloses Warten. Gefangen in der eigenen Angst. Jedes Geräusch versetzt in Schrecken. Ausweglosigkeit. Die Nerven angespannt. Allein. Vor der Türe sitzend. Im Dunkeln. Hoffend, dass alles gut geht. War da was? Nein, nein! Unsicherheit. Ratlosigkeit. Wenn Mutter doch endlich käme! Noch zehn Minuten. Endlosigkeit. Enorme Anspannung. Ohne eine Menschenseele im Dunkeln der Nacht in einem riesengroßen, alten Haus. Jedes Geräusch lässt aufzucken. Doch dann – endlich. Die Standuhr schlägt zehn. Gleich müsste Mutter heimkommen. Wenn sie nur schon hier wäre. Da, das vertraute Schlüsselknacken. Sie zu Hause! Befreit! Kein endloses Warten, keine unendliche Angst und pausenlose Anspannung mehr. Erst nächsten Samstag wieder.

Magdalena Görtz (13), Albert-Schweitzer-Gymnasium Neckarsulm

Rasend still

Das groovt! The DJ takes you high. Wie ich das liebe, mich zu bewegen. Der Beat im Einklang mit deinem Körper. Er flüstert dir den Move. Gib' dich hin! Ich steppe mit den Beinen. Lasse die Hüften kreisen. Meine Haare schwingen im Scheinwerferlicht. Rot fliegen die Haarspitzen in die Höhe. Blau fallen sie herunter, streichen über meinen Rücken. Grün kitzeln sie meinen Nacken. Der Bass dröhnt aus den Boxen, die Bauchdecke vibriert. Mein Herz schlägt im Rhythmus, so wie das Blut durch die Adern fließt. Pulsiert zum Bass.

Benebelt schwirre ich durch die Disco und fülle meinen leeren Musik-Tank auf. Mit purem Genuss sauge ich sie ein. Musik, mein Sauerstoff. Der Laden pulsiert, und obwohl die Lautstärke mein Trommelfell geradezu zerfetzt, tanze ich weiter. Der Tank ist noch nicht voll. Ich sehe die anderen, wie sie in den Ecken stehen und lässig mit dem Kopf wackeln oder wie ich auf dem Dancefloor sich völlig verausgaben. Da flattert plötzlich eine Mähne vor meinen Augen. Lang und sanft streift sie über mein Gesicht. Rasch dreht sie sich um. „Oh Entschuldigung. Tut mir leid."

„Macht doch nichts. Ist ja heute ziemlich eng hier." Augen reflektieren die Lichter.

„Ja richtig, man hat gar keinen Platz zum Austoben." Woher weiß sie, was ich denke? Keine Zeit zum Nachdenken. Ich lächele. „Genau meine Worte. Lass uns Freiraum schaffen." Sie grinst. Vier Zahnreihen blitzen sich entgegen. Der Bass kracht dazu. Zwei Mähnen schwingen durch die Nacht. Eine schwarz, die andere braun. Das Haar flattert im Wind, durch Nebel und Staub. Im Wind schimmert das Grün ihrer Augen. Das Lebenselixier schwimmt hindurch. Erobert mich. Zwei Kissen, die sich treffen zum Abschied. So weich und zart. Ein Hauch von Haut. Der Grund für Wiederkehr.

Dennis Honold (18), Andreae-Gymnasium Herrenberg

Wirre Gedanken

Wirre Gedanken schlendern gedankenverloren durch die Straßen,
rempeln alles an,
laufen weiter, immer weiter, immer weiter,
drehen sich um
sich selbst .
Sollen unbemerkt im nächsten Bus verschwinden,
doch sie bleiben,
kleben.

Eleni Ntokalou (15), Albert-Schweitzer-Gymnasium Neckarsulm

Mein neues Zuhause

Mein neues Zuhause, mein neues trautes Heim. Doch nun bin ich allein. Einsam. Helga, meine Frau, ist vor ein paar Monaten verstorben, einfach von mir gegangen. Aber ich habe es überwunden, denn es war ja vorher schon zu sehen, dass es ihr Herz nicht mehr lange macht. Und jetzt stehe ich hier vor meinem neuen Zuhause, einem Seniorenwohnheim, dreistöckig, hellblau angestrichen. Unsere alte Wohnung ist mir alleine nun zu groß geworden und es erinnerte mich alles zu sehr an Helga. Außerdem bin ich schon zu alt, um allein für mich sorgen zu können. Ich kann nicht kochen und die Einsamkeit zu Hause lässt mich zu viel an Helga denken. Jetzt miete ich ein Zimmer im Seniorenwohnheim, welches ich mir aber noch aussuchen muss. Ich betrete das Wohnheim. Freundlich werde ich vom Pflegepersonal empfangen. Mir wird erklärt, dass mein Gepäck, drei Koffer voller Kleidungsstücke, schon hierher gebracht worden sei. Die Möbel und alles andere habe ich schon vorher entsorgt, ich wollte keine Erinnerungsstücke mehr haben! Der Tod meiner Frau hat mich genug mitgenommen, ich will nicht ständig daran erinnert werden. Der Pfleger begleitet mich im wohl extra für die Senioren eingebauten Fahrstuhl nach oben in den zweiten Stock. Er erklärt mir freundlich, dass ich mir nun ein Zimmer aussuchen muss. Es gibt drei Zimmer zur Auswahl. Ich betrete das erste. Es ist klein, viel zu klein für mich. Jetzt darf ich mir das zweite anschauen. Es ist genau auf der Sonnenseite, hell und einladend. Die Besichtigungstour geht weiter, das letzte Zimmer wartet. Ich trete hinein, schaue mich um. Es ist genauso wie das zweite, aber ein großer, alter Baum vor dem Fenster verdunkelt es. „Ach, viel zu dunkel das Zimmer, Sie brauchen doch was Freundliches und Helles", höre ich den Pfleger sagen. Ich antworte nicht, denke nur nach. Das erste Zimmer schließe ich sofort aus. Doch wie sieht es nun mit Zimmer zwei und drei aus? Welches von beiden passt zu mir, zu meinem Leben? Was hatte ich mehr im Leben, Sonnen- oder Schattenseiten? Ich denke nach.

Neun Uhr, ich wache auf, erhebe mich, schaue mich um. Gestern bin ich hier neu eingezogen, es ist mir immer noch alles fremd. Und es ist dunkel. Ich drehe mich zum Fenster, sehe einen Baum und mir fällt plötzlich alles wieder ein: Gestern dachte ich noch lange nach, drehte mich dann zum Pfleger um und sagte: „Ich möchte bitte in dieses Zimmer, das dunkle." Und leise fügte ich hinzu: „So dunkel wie mein Leben."

Dimitri Wedmann (17), Albert-Schweitzer-Gymnasium Neckarsulm

Ein Mann

Ein Mann.
Eine Geschichte.
Geboren in Armut.
Gestorben als Heiliger.
Geliebt und gehasst,
verehrt und verachtet.
Prophet oder Sohn Gottes?
Mensch oder überirdisches Wesen?
Viele Fragen, viele Geheimnisse.
Wenig Antworten.
Ein Mann.
Eine Legende.
Sein Name:
Jesus.

Carmen Isabel Schimmele (18), Neues Gymnasiums Stuttgart-Feuerbach

Deine Liebe für immer

War sie für mich?
Deine Liebe für immer.
Wollte ich sie?
Deine Liebe für immer.
Ich konnte sie nicht erwidern.
Ich wollte sie nicht erwidern.
Deine Liebe für immer.
Nur du hast geliebt.

Lazaros Ilonidis (17), Neues Gymnasium Feuerbach

Überflogen

Hürdenlauf um Tod und Leben
Der Streifen des Schreckens
Trotz allem die einzige Hoffnung
Schutzlosigkeit verbaut den Ausweg
Maschendraht hemmt allen Optimismus

Noch wenige Meter
Sirenen schrillen
Tumult am Rande
Nur ein Katzensprung fehlt noch zum Glück
Meine Brücke wird gebaut
Um sofort wieder zerrissen zu werden

Wie lange wird sie halten?

Jens Erat (18), Neues Gymnasium Stuttgart-Feuerbach

Schattengestalten

Wer?

Wenn Lebewesen sterben,
Weinen Menschen.
Wenn Regen fällt,
Weinen Wolken.
Wenn Liebe vergeht,
Weinen Herzen,
Wenn Träume platzen,
Weinen Kinder.

Doch
Wer weint,
Wenn das Licht erlischt?

Nathan Haezeleer (16), Dillmann-Gymnasium Stuttgart

Climb into another person's skin and walk around

Nicht schon wieder – dieser elende Wecker bringt mich noch zur Verzweiflung!! Sechs Uhr morgens ist echt zu früh! Aufstehen, anziehen, frühstücken – immer derselbe Rhythmus. Und zum Frühstück nur diese abartigen knatschigen Brötchen. Schon klopft es an der Tür. „Bist schon fertig oder liegst du noch in den Federn?? Unser Flug geht in zwei Stunden nach Mexiko, schon vergessen??" Mein allerbester und zumeist gehasster Freund Mike muss einem immer gleich die Laune verderben. „Jaja, ich mach mich ja schon auf die Socken." Elender Spielverderber!

Unten im Hotelflur erwartet mich bestimmt schon eine riesige Menge ungeduldiger Reporter, die schon hechelnd auf die nächste Sensationsstory von mir wartet. Und immer diese nervigen Fragen wie „Haben Sie nur eine Minute für uns?" oder „Ein Interview für die und die Zeitung?". Zum Beruf eines Reporters gehört es ja anscheinend, immer zu ignorieren, dass jemand in Eile ist.

Kaum bin ich aus der Hoteltür, stürmt schon die wissbegierige Reportermasse auf mich zu. Und ich dachte schon, dass ich wenigstens für dieses Mal meine Ruhe hätte. Aber nein, man wird als Filmstar nie in Ruhe gelassen, egal ob man inkognito irgendwo hingeht oder sich zu einem öffentlichen Auftritt bereit erklärt. Dieses verdammte Blitzlichtgewitter! Irgendwann erblinde ich noch davon! Ob sie überhaupt scharf auf ein Foto von mir wären, wenn ich nur ein einfacher Mann wie sie wäre? Höchstwahrscheinlich nicht.

Eine Reporterin mit fettigen Haaren stürzt sich auf mich und hält mir ihr Diktiergerät direkt vor die Nase: „Ist das Gerücht von Ihrer Affäre mit Ihrer Schauspielkollegin wahr? Ein Statement exklusiv für die Sun??". Weiß die Frau eigentlich wie sehr sie nervt? Und ich soll dann bei solchen Fragen immer noch schön freundlich lächeln! Wie würde sie sich an meiner Stelle fühlen? Genauso genervt?

Ich bin doch auch nur ein Mensch! Was ist an mir anders als an ihnen? Nur dass ich berühmt bin? Anscheinend ist es mir nicht vergönnt, auch mal eine Privatsphäre zu haben. Ist es verboten, dass ich eine Affäre habe?? Müssen die Leute eigentlich immer alles, wirklich alles aus meinem Leben wissen? Haben sie überhaupt ein Recht dazu??

Sie denken immer Starsein heißt Glanz, Glamour und Reichtum. Dafür muss man aber so hart arbeiten und dieser Glamour bezieht sich auch nur auf ein paar Auftritte und sonst versucht man ein einigermaßen normales Leben zu führen. Aber dafür muss man so verdammt viel aufgeben! Über sein eigenes Privatleben wird diskutiert, wenn man einmal zu viel getrunken hat, titelt die Presse gleich, man ertränke seinen Kummer in Alkohol oder wenn man eine Trennung hinter sich hat, wird diese auch noch in der Klatschpresse breitgetreten, als wäre es nicht so schon schlimm genug. Immer frei nach dem Motto „bad news are good news." Ich glaube viele Menschen würden gar kein Star mehr sein wollen, wenn sie wüssten, was es bedeutet, einer zu sein. Vielleicht würden sie dann endlich diese Sensationslust verlieren, denn was gewinnen sie dadurch? Nichts.

Meine Rettung in Form einer Limousine naht. Sollen sie sich doch zerquetschen, wenn sie sich die Nasen an der Limousine platt drücken, um ein letztes Foto von mir zuergattern.

Katharina Kreppein (15), Nicole Schädel (15), Albert-Schweitzer-Gymnasium Neckarsulm

Problemzonen – von einer anderen Seite

Falls jemand daran zweifeln sollte: Auch Obst und Gemüse haben Problemzonen! Und wenn das schon alles wäre. Auch sie plagen so menschliche Probleme wie Minderwertigkeitskomplexe, Haltungsschäden und Eifersucht. Dass dies noch weitestgehend unbekannt ist, liegt vor allem an dem rücksichtslosen Kaufverhalten der Menschen, die noch nicht einmal den Versuch unternehmen, sich in – z.b. eine Dose Sauerkraut – hineinzuversetzen.
    Sauer ist nicht nur das Kraut!
    Besonders schwer hat es Oriella Oranges Mann. Egal was er sagt oder tut – alles ist falsch! Denn alles, was er sagt und was er tut, ist nicht das, was sie will. Sie will weder Komplimente (d.h. eigentlich will sie die auch, aber nicht so, sondern irgendwie anders) noch „vernünftige" Ratschläge, ihr Problem – Orangenhaut – zu beseitigen. Sie will auf eine, genauer gesagt, auf *die* Schönheitsfarm, auf der auch Tomi Antimatsch-Tomate (geb. Tomate) war! Basta! Dabei ignoriert sie die Risiken eines Besuchs, wie z.b. Persönlichkeitsveränderung, was gerade bei Tomi Antimatsch-Tomate besonders deutlich wird! Jedes Mal, wenn sich ein Kunde der Obst- bzw. Gemüseabteilung nähert, bricht dieser in Panik aus, gekauft und gefressen zu werden, und will zu seiner Mama! (Und das, obwohl er schon drei Wochen alt ist!!!) Na ja, harte Schale, weicher Kern. Böse Zungen fügen seinem Nachnamen seither einfach ein „o" hinzu und lassen Tomi, Tomi sein.
    Aber nicht nur die Orangen haben Probleme. Letzte Woche zum Beispiel wurden zwei Paletten Bananen geliefert (noch völlig grün hinter den Ohren!). Die Mitarbeiter des Kaufhauses platzierten sie, wie gewohnt, am Obststand neben den Birnen, wo sie gemütlich dalagen. Kleiner, aber feiner Unterschied dieses Standortes: Freie Sicht in die Elektrowarenabteilung! Völlig fasziniert von den bewegten Bildern, die über die Bildschirme huschten, rutschten der letzten Lieferung im Kollektiv alle Bandscheiben raus, sodass sie nun krumm, mit Buckel, ihr Leben weiterführen müssen. Doch nicht genug! Von der Strahlung wurden sie ganz braun, die angrenzenden Birnen ganz weich, was in beiden Fällen die Attraktivität und die Chancen bei Kundinnen nicht gerade steigerte. Dagegen scheint *die* Schönheitsfarm aber noch keine Mittel gefunden zu haben, leider.

Zwei Regale weiter befinden wir uns bei den anonymen Alkoholikern. Sie verstecken ihre Probleme bzw. das Problem hinter dem Geschmack süßer Limonade und senken somit den Altersdurchschnitt der Mitglieder bei den menschlichen Leidensgenossen.

Leid, das ist das Stichwort für unser nächstes Thema: Light. Die Ähnlichkeit dieser beiden Worte kommt nicht von ungefähr, sie ist die Folge eines skrupellosen „Kaufhausdarwinismus". Es überlebt das Produkt, das den Bedürfnissen der Verbraucher(innen) am besten angepasst ist – und das sind im Moment die Light-Produkte!

Des einen Freud ist des anderen Leid, oder um es treffender auszudrücken, des anderen Neid. Die Rede ist von Rudi Schlagsahne und Detlef Diätsahne, der Rudi seine Stammkundin ausgespannt hat! Skandal! Dies konnte Rudi *Schlag*sahne nicht ohne Weiteres auf sich sitzen lassen … doch Hannelore Hansaplast päppelte den niedergeschlagenen Detlef wieder auf. Seitdem herrscht Kalter Krieg im Kühlregal und ein Ende ist nicht in Sicht.

Deshalb denken Sie beim nächsten Einkauf daran: Auch Lebensmittel sind nicht frei von Geltungsdrang und haben Gefühle! (Außerdem schmecken Light-Produkte wirklich scheußlich, oder nicht?)

Olivia Kobiela (19), Eduard-Mörike-Gymnasium Neuenstadt

Gesellschaftlicher Zeitgeist

Unendliche Weiten des Internets,
Unendlich alleine.

Grenzenlose virtuelle Möglichkeiten,
Grenzenlose Ferne.

Kontakt
Und doch keine Nähe.

Verknüpft mit der gesamten Welt
Und doch einsam.

Simone Wieland (19), Neues Gymnasium Stuttgart-Feuerbach

BackStage

„Mach mal langsam. So hat das doch keinen Sinn." Hank schaut in den Spiegel. „Willst du, dass ich da so rausgehe?" Die Haare durcheinander gewirbelt, setzt er sich wieder hin. „Is' nicht dein Ernst oder?" Weiter hinten hört man ein Sprühen, Geruch von Lack verbreitet sich, ein Rasierapparat surrt durch einen Wald von Haaren.

„Ey ich bin hier der Stylist, ok? Ich krieg das schon hin, nur war ich noch nicht fertig. Wegen deiner Ungeduld kann ich jetzt noch mal anfangen. Die letzte Stunde war jetzt voll fürs Klo."

„Ach Scheiße!" Wieder schaut Hank in den Spiegel. „Dann mach was Anderes, Schnelleres."

Der Auftritt war nahe. 18:13 zeigte die Digitaluhr an der Wand. Noch zwei Stunden bis zur Deadline und der Look war noch nicht fertig. Dabei stand der Newcomer Contest an und Hank und seine Truppe wollten gewinnen. Als Preis winkte ein Plattenvertrag. Doch ohne eine gescheite Frisur? Für Hank undenkbar.

Er und der Stylist Brett hatten schon immer eine seltsame Verbindung. Aber sie funktionierte. Hank gab vor, Brett ließ sich was einfallen, Hank war zufrieden und Brett bekam etwas vom Gewinn ab. Dabei war Brett nicht nur rein geschäftliche Verbindung. Er verstand seinen Kumpel Hank immer, wusste genau, was er wollte. Doch Hank hörte das nicht gern. Von Verstehern hielt er nichts. Dennoch, ohne Brett gäbe es keinen Hank und wohl auch nicht die Rocktruppe *Tristar*, die sich mittlerweile als Lokalgröße etabliert hatte.

„Und denk dran: Ich bin Rocker, ich will keine Scheitelbetonung oder so'n Scheiß. Ich will was Wildes, was Ausgefranstes." So hörte sich meist eine von Hanks Anweisungen an.

„Ach Hank, weiß ich doch. Aber du gewinnst den Contest auch ohne Frisur."

„Soll ich mit Glatze gehen oder was?", tönte Hank zynisch. Brett lachte und zog eine Flasche Haarlack heraus.

„Du weißt, was ich meine. Die Frisur macht nicht den Star. Das sag ich dir als Stylist, obwohl mich dieser Satz schon einmal den Job gekostet hätte."

„Brett, du alter Versteher. Wenn du soviel verstehst, dann sollte es auch in deinen Schädel passen, dass ich ohne Frisur nicht singen kann. Ohne Singen, kein Contest."

„Bist du beknackt? Du solltest dich mal selber hören. Ich mach dir gleich 'ne Glatze. Du wirst sehen, wie du da singen kannst, du eitler Sack." Brett brach sich geradezu vor Lachen.

Zehn Strähnen, 30 Minuten und eine Dose Gelwachs später begann sich Hanks finstere Miene zu lichten. „Yeah, das is' geil!", schrie er vor Freude. „Damit mach ich die Jungs aus dem Norden platt!" Brett grinste zufrieden. Wie einfach es doch manchmal war, Leuten eine Freude zu machen. Und wenn sie noch so oberflächlich war. Die Haare standen mittlerweile in großen und kleinen Stacheln zu allen Seiten.

„Glaubst du mir jetzt endlich, dass ich das schaffe?", warf Brett ein. „Erst wenn ich mir sicher bin, dass du nicht doch im letzten Moment die Heckenschere zückst," grinste Hank zurück. Kein Vertrauen, der Kerl, dachte Brett schmunzelnd und formte weiter Keile und Stacheln.

18:46 „I'm singin', I'm singin' and the clock is laughin' in my face." Hanks Laune stieg von Minute zu Minute. Freudig wippte er mit dem Kopf hin und her. „Mann, wackel nicht so rum. Da kommt das ganze Zeug wieder runter!", rief Brett. „Is' ja gut. Plärr nicht so rum, das ist schlecht für die Vibes", entgegnete Hank lässig.

So verging die Zeit bis zum Auftritt rasend schnell und Brett erreichte seinen frisur-technischen Höhepunkt. Als die fünfte Haarlacksspraydose geleert war, verkündete er feierlich: „Hank, Glückwunsch zu deiner besten Frisur, die du je hattest." „Yeah, that rocks, man! Jetzt bin ich der King!" Und damit schnellte Hank aus seinem Sessel und rauschte ab zum Soundcheck.

„Dum-da-da-dum-da-dum."

Dann war der Auftritt da. *Tristar* hatten leichtes Spiel; die Band vor ihnen wurde unter fliegenden Bierbechern ausgepfiffen. Und so rockten Hank und seine Truppe bis ans Ende ihrer Kräfte. Hank schwitzte und schwitzte. Trotzdem grölte er ins Mikrofon gen Publikum: „Gimme more! Gimme more!" Die Menge tobte vor Begeisterung. Der ganze Saal war ein riesiges Meer aus ausgestreckten Händen.

Doch gerade als die Gitarre zum nächsten Lied anschwoll und Hank aus vollem Leibe grölte *„I'm burnin', I'm burnin', I got the fever. And you're going down!"*, da sank die Haarpracht synchron zum Text Richtung Erdkern. Es brauchte einen Moment bis Hank

kapierte, was da vor sich ging. Doch dann warf er das Mikrofon emotional ins Publikum und raste hinter die Bühne. Brett stand neben einem Lautsprecher und hatte zugesehen.
„Was zum Teufel fällt dir ...?" Ein freundliches Lächeln huschte vorüber. Ein kurzer Blick, zwei verwirrte Augen, und Hanks Welt geriet aus den Fugen. „Coole Frisur Hank, diese Bewegung im Haar. Mal was ganz anderes. Und die Strähnen – wow! Passt voll gut zu dir." Der Ledermantel schlug ihm gegen die Beine, Hank schaute nach unten, richtete seinen Blick anschließend wieder nach oben und das lächelnde Gesicht war verschwunden. Brett wendete sich zur Bar, studierte die Whiskeyflaschen im Regal und meinte: „Du wolltest was sagen?" Hank stotterte: „Brett, Brett, hey, hast du das gesehen? Wo, wo ist sie hin?" „Wer denn? Ich hab niemanden gesehen." „Sie fand meine Haare gut und das, nachdem sie so verdammt doof abgesunken sind." Brett lehnte sich gegen die Bar und beobachtete die Menge, Hank schenkte er keinen Blick: „Tja ... ich sag's ja nur ungern, aber ... wer ist der Stylist, hm?" Hank warf ihm einen zornigen Blick zu. Brett seufzte theatralisch. „Zweiter Ausgang links nach hinten die Straße runter. Aber geh's nicht zu wild an."

Dennis Honold (18), Andreae-Gymnasium Herrenberg

Die Einkaufspassage

Es war das erste Mal. Das erste Mal nach 15 Jahren. Nach 15 Jahren Betonmauern und vergitterten Fenstern geht er das erste Mal durch die Einkaufspassage. Es ist Weihnachtszeit. Die Zimt-, Lebkuchen- und Mandelgerüche kamen ihm schon fremd vor, doch er mochte sie. Die vielen blinkenden Lichter und die geschmückten Tannenbäume lösten in ihm eine feierliche Stimmung aus. Die Menschen um ihn herum waren hektisch und gestresst. Er machte sich Gedanken, ob sie überhaupt mitbekamen, wie schön doch alles aussieht. Er wurde angerempelt, angepöbelt und böse angeschaut. Er wusste nicht, was mit den Menschen los ist, und ein Gefühl der Einsamkeit und Trauer kam über ihn. Er sah einer Taube zu, wie sie ihre Flügel spreizte und in den Himmel flog. So frei und ungestört möchte er auch einmal sein. Er streckte seine Arme aus und drehte sich wild im Kreis, um abzuheben. Die Menschenmasse um ihn herum stieß und schrie ihn an. Er aber dachte nur: Euch muss man alle einmal in einen Käfig einsperren; vielleicht schätzt ihr dann die Freiheit!

Tina Schmitt (16), Albert-Schweitzer-Gymnasium Neckarsulm

Die Erkenntnis

Es gibt schon sehr viele verrückte Situationen, an einige denken wir gar nicht, obwohl sie auf der Hand liegen. Bloß warum ist das so? Ich weiß es nicht. Die folgende Geschichte handelt von einer solchen Situation.

Es war ein strahlend blauer Dienstagmorgen im Herbst, als ich in meinem Bett erwachte. Das Sonnenlicht schien durch die Jalousien, ich fühlte mich stark und ausgeruht.

Ich konnte die Vögel zwitschern hören und musste schmunzeln. Sie gefielen mir schon immer, so oft haben sie mich schon geweckt. Ich blinzelte verschlafen und blickte in meinem Zimmer umher. Seit 20 Jahren wohnte ich darin, seit 20 Jahren hat sich nicht viel geändert. Es wird mir fehlen.

Ich lag noch ein wenig, so lange bis ich richtig erwachte und lauschte dem Chor der Vögel. Nach ungefähr einer weiteren Viertelstunde stand ich auf und streckte mich, freute mich auf den bevorstehenden Tag, es wird nämlich kein normaler Tag. Dieser Tag wird der große Tag, ich würde nämlich diese heimische Umgebung verlassen und die Gewohnheit brechen. Nie wieder würde ich in diesem Bett erwachen, nie wieder durch die Eingangstür laufen. Leider auch nie wieder mit den anderen hier reden, meine Zeit mit ihnen verbringen. Nun ja, ich kann sie ja auch immer mal wieder besuchen.

Ja ... sie würden mich auch vermissen, glaube ich. Ganz sicher.

Nachdem ich meiner Meinung nach genug gegrübelt hatte, ging ich in freudiger Erwartung ins Badezimmer und betrieb das allmorgendliche Ritual: Toilette, Dusche, Zähneputzen. Nach einer halben Stunde (ich bin ja schließlich auch nicht mehr der Jüngste!) war ich soweit fit. Bei der Auswahl der Garderobe hatte ich keine Schwierigkeiten. Ich zog das Schickste an, was ich momentan besaß, einen braunen Anzug, dazu einen eleganten Hut.

Nachdem ich mein Aussehen im Spiegel für gut befunden hatte, öffnete ich meine Zimmertüre und trat auf den Gang. Ich konnte ein Fernsehgerät hören. So früh am Morgen schon fernsehen ... wer macht so was denn?

Wie auch immer, es sollte nicht mein Problem sein. Ich entschied mich dazu, noch einen Spaziergang zu machen. Seltsam, ich habe noch gar niemanden gesehen an diesem Morgen, dachte ich mir, als ich durch die Haustüre trat und die Treppen zum öffentlichen Weg hinunterlief.

Vielleicht haben sie anderweitig zu tun? Woher sollte ich es denn wissen?

Ich lief also so den Weg entlang und entschloss mich dazu, in den nahe liegenden Park zu gehen, ein letztes Mal, noch ein letztes Mal unter den Bäumen spazieren, den Vögeln lauschen ...

Als ich so spazierte, traf ich viele bekannte Gesichter wieder, meine Nachbarin Frau Lange, die mich mit einem etwas abwesenden Lächeln begrüßte, mit dem allmorgendlichen „Guten Morgen Herr Masnie!", wenn sie mich erblickte.

Ich wollte ihr erzählen, dass ich heute gehen wollte, aber leider kam ich nicht mehr dazu, sie war zu schnell wieder weg.

Auf dem Weg durch den Park sah ich einen jungen Mann, der ganz in weiß gekleidet war. Irgendwie beunruhigte er mich, ich kann nicht sagen, warum. Ich versuchte unbeschwert weiterzulaufen, doch irgendwie hatte ich das Gefühl, dass sobald er mich erblicken würde, er mich nicht ohne Weiteres in Ruhe lassen würde.

Ich beschleunigte meinen Gang, doch zu spät ... Er hatte mich bereits gesehen und schlug meine Richtung ein, ich war nicht in der Lage zu rennen, ich hatte das Gefühl, dass es nichts bringen würde.

Ich lief weiter, versuchte das böse Gefühl zu ignorieren, doch es ging nicht. Ich konnte nicht. Es wurde auch immer schlimmer, als der Mann näher kam. Ich wollte ihn nicht ansehen, doch er lächelte mir direkt in die Augen. Seine Stimme klang wie gefrorenes Eis für mich, als er mich ansprach: „Aber Herr Masnie! Was machen Sie denn hier draußen ganz alleine?"

Ich wollte ihm erklären, dass heute mein großer Tag war, dass ich heute endlich von hier fortgehen würde, nach so langer Zeit. Doch irgendwie ... je mehr Worte ich an den Mann richtete, desto weniger schien er mir zu glauben.

Alles, was ich ihm erzählte, davon, dass ich heute endlich meine Familie wiedersehen würde, davon dass sie mich nach dem Frühstück hier abholen würden ... das alles tat er mit einem einfachen Grinsen ab, nahm mich am Arm und führte mich zum nahe liegenden Haus zurück. „Aber Herr Masnie, ich habe Ihnen doch schon so oft erklärt, dass Sie von hier nicht gehen werden. So oft begegnen wir uns hier, jedes Mal höre ich die gleiche Geschichte, und jedes Mal muss ich Sie zurückführen."

Ich konnte, vielmehr wollte seinen Worten nicht glauben. Am liebsten wollte ich mich losreißen, doch mit meinen 85 Jahren war ich nicht mehr der Jüngste.

Seine nächsten Worte trafen mich wie ein Speer mitten ins Herz.

Erst jetzt fühlte ich wieder etwas Schweres, Gewaltiges in mir, eine immer schneller dunkel werdende Wolke, und der Tag, der so gut begonnen hatte, verwandelte sich in ein Abbild des Schreckens, und ich könnte schwören, ein diabolisches Lächeln auf dem Gesicht des jungen Mannes gesehen zu haben, als er mich in mein Gefängnis zurückführte. In das Gefängnis, was mich bis zum Ende beherbergen würde. Und mit dieser Erkenntnis wurde ich zur gleichen Hülle wie all die anderen, die in diesem Altersheim, gegen ihren Willen, von ihren „Liebsten" getrennt waren.

Simon Fäßler (17), Eduard-Mörike-Gymnasium Neuenstadt

Paradies

In der dunklen Gasse, das wusste ich, würde ich die Nerven verlieren. Ich stand noch im Licht, musste aber durch diese Gasse gehen. Es war so furchtbar eng und dunkel. Ich habe mich kaum getraut hineinzugehen, doch überwand ich mich und ging hindurch. Links und rechts von mir hohe Mauern. Es war kalt. Wäre es nicht so dunkel gewesen, da war ich mir sicher, hätte ich meinen Atem sehen können. Doch es war dunkel, sehr dunkel. Dunkel und eng. Ich lief und lief. Diese Gasse veränderte sich. Die Wände waren auf einmal höher, vor mir kein Ausgang, hinter mir genauso wenig. Ich war eingeschlossen, die Gasse wurde zu einem engen Raum. Es war so eng, ich konnte mich nicht einmal drehen. Warum konnte ich mich nicht drehen? Wie sollte ich da rauskommen?

Tagelang stand ich da. Zusammengekauert, soweit es der wenige Platz zuließ, an die Mauer gelehnt. Ich hatte keinen Hunger, keinen Durst. Was war da los? Ich konzentrierte mich auf Geräusche ... erfolglos. Hier existieren keine Geräusche. Nichts, gar nichts. Nur ich, die Dunkelheit und diese schreckliche Enge.

Jetzt sitze ich immer noch hier. Ich weiß nicht wie lange schon ... Zu lange.

Ich will weg von hier. Ich bin zu müde, um zu fragen, wo ich hier bin, doch kann man sich's nicht denken?

Patrick Henze (19), Elly-Heuss-Knapp-Gymnasium Heilbronn

Ein Bett im Kornfeld

Langsam lief Friedrich den Hügel hinauf. Auf seinen alten Stock gestützt ging er den Weg, den er in seinem Leben schon unzählige Male beschritten hatte. Als Säugling hatte ihn seine Mutter auf dem Arm hier heraufgetragen, als Kind war er mit den anderen Jungen aus dem Dorf hier gerannt, hier war er mit seiner ersten großen Liebe spazieren gegangen, hier war er mit den anderen Männern in den Krieg gezogen, hier war er später jahrelang zu seinen Feldern gelaufen und gefahren. Nun schritt er ihn als Greis entlang, unendlich langsam, wie es ihm schien, zittrig und gebückt.

Die Sonne versank hinter dem Hügel, direkt dort, wo der Weg den Kamm kreuzte. Warm und golden schickte die Sonne ihre letzten Strahlen über das Land, hinunter ins Dorf und an die Berghänge dahinter. Blutrot schimmerten sie wie Wände aus Granat und Rubin, Grenzen zur Ewigkeit, alt wie die Zeit. Im Tal wogten die Kornfelder sanft im Abendwind, der von den Bergen kam. Ein Meer aus Gold schien die Ebene zu bedecken, von matten, gepflasterten Straßen durchzogen wie ein Spinnennetz. Die Dörfer der Bauern lagen wie Inseln in diesem Meer, umspielt von der Brandung sattgrüner Bäume und Sträucher.

Friedrich kam auf den Kamm. Er ließ seinen Blick über die sich vor ihm auftuenden Gefilde schweifen. Das war sein Land, mit dem

Ertrag aus diesen Feldern hatte er seine Familie ernährt. Er war nunmehr das einzige lebende Familienmitglied. Seine Frau war vor sieben Jahren an den Folgen eines Unfalls in den Bergen gestorben. Seine Söhne waren entweder im Krieg gefallen oder nicht wieder aus den Bergen zurückgekehrt. Manfred, der Jüngste, war letzten Winter nicht wieder von den Hochalmen der Bergbauern zurückgekehrt, man munkelte, dass er gestürzt und in eine Schlucht am Geiß-Joch gefallen sei. Niemand wusste es genau.

Seitdem hatte er vor sich hinvegetiert, sah keinen Sinn mehr in seinem Leben und wartete auf den Tod. Er zehrte nur noch von den Erinnerungen an die Tage, in denen er mit seiner Familie glücklich und zufrieden gelebt hatte. Doch an diesem Tag hatte ihn plötzlich ein Gefühl gepackt, noch einmal hinaus in die Felder zu gehen. Sein halbes Leben hatte er dort verbracht, hatte gearbeitet und geruht.

Er lief über den Hügel den sanft abfallenden Weg in die Ebene. Die Sonne stand hinter dem Hügel noch zu einem Großteil am Horizont und verlieh den Kornfeldern ihre majestätische Wärme. Er lief weiter nach unten bis er zu einem seiner Felder kam. Er lief geradeaus in es hinein, bahnte sich einen Weg durch die Ähren und Halme bis er mitten im Feld stand.

Die Sonne war tief gesunken, nur noch ein winziger Streifen war über dem Horizont zu sehen. Friedrich erinnerte sich an das erste Mal, als er den Sonnenuntergang bewusst wahrgenommen hatte. Das war vor 76 Jahren gewesen, doch die Sonne sah genauso aus. Nichts hatte sich verändert, nur er war immer älter geworden. Wie ein Film liefen seine Erinnerungen an ihm vorbei, wurden immer schneller und schneller. Die Sonne sank weiter und als sie vollends hinter dem Rand der Welt verschwunden war, endete der Film und Friedrich brach zusammen.

In seinem riesigen Bett lag er nun da, dort wo er sein Leben verbracht hatte, in seinem Kornfeld.

Max Demel (16), Dillmann-Gymnasium Stuttgart

Das Grauen im Zauberwald

Es war eine dunkle und finstere Winternacht. Es hatte so hoch geschneit, dass die Gnome, als sie ihre Häuschen verlassen wollten, nicht über den oberen Rand der Schneedecke hinwegsehen konnten. Und dies nicht unbedingt, weil sie so klein waren.

Frierend zogen die Gnome ihre extra-dicken Wollmützen und Handschuhe an, welche jedoch noch mit dem Schnee des letzten Jahres bedeckt waren. Denn unverständlicherweise wurden diese, für die im hohen Norden Skandinaviens wohnenden kleinen Ungetüme sehr wichtigen Kleidungsstücke, gekühlt aufbewahrt, da man nach altem Aberglauben und Tradition nicht wollte, dass der alte Schnee schmolz.

Die Häuser der Gnome waren von endlos hohen Tannen umgeben, deren Äste und Zweige jederzeit unter der schweren Last des frischen Schnees zusammenbrechen konnten und somit die Gnome und ihren gesamten geheimnisvollen Besitz unter sich begraben würden.

Nachdem alle versammelt waren, machten sich die Zipfelmützenträger stolzierend auf den Weg durch den stockdunklen Wald, in dem das Jaulen der Wölfe deutlich zu vernehmen war. Die Gnome waren völlig in Eile, da sie sich zum Fest der mächtigen Schneekönigin begeben mussten, da der erste Schnee des Winters gerade erst gefallen war.

David Len (15), Neues Gymnasium Stuttgart-Feuerbach

Die verrückte Nacht

Lena wälzte sich in ihrem Bett. Sie war schon die ganze Nacht sehr unruhig gewesen. Obwohl der Tag ziemlich stressig gewesen war und sie eigentlich sehr müde war, konnte Lena nicht schlafen. Verschwitzt rappelte sie sich auf. Ihr Top war nass von dem vielen Schweiß, der ihr von der Stirn rann. Ihre Jogginghose, die sie im Sommer immer im Bett anhatte, klebte an ihren Beinen. Obwohl sie ihr Fenster offen stehen hatte, war es unerträglich heiß in ihrer kleinen Dachstockwohnung. Lena war 22 Jahre alt und Studentin.

Aus lauter Langeweile schaltete sie den Fernseher ein. Als sie schon fast alle Programme durchprobiert hatte, fand sie endlich etwas nach ihrem Geschmack. Auf irgendeinem Sender, von dem Lena überhaupt nicht wusste, dass er existierte, lief gerade die Lieblingsserie ihrer Mutter: „Bonanza", eine Westernserie um einen Rancher und seine drei Söhne, aus den sechziger Jahren. Lena erinnerte sich daran, wie ihre Mutter ihr immer vorgeschwärmt hatte. Mal schauen, ob sie wirklich so toll ist, wie Mama immer erzählt, dachte sie sich und machte es sich gemütlich. Plötzlich, die Folge hatte kaum begonnen, durchfuhr sie ein stechender Schmerz in ihrem Kopf, der sich kurze Zeit später in ihrem ganzen Körper verbreitete. Ihr wurde schwarz vor Augen und sie kippte vom Bett.

Doch als sie wieder zu sich kam, befand sie sich nicht mehr in ihrem Zimmer. Sie blickte sich um und sah, dass sie vor einem großen Haus lag. Ehe sie sich bewusst werden konnte, was genau geschehen war, stürmten vier Männer aus dem Haus direkt auf sie zu. Einer war um die fünfzig, breit und hatte silbergraues Haar. Die drei anderen schätzte Lena auf zwanzig bis dreißig. Der vermutlich Älteste von ihnen hatte schwarzes Haar und Lena fand, dass er verdammt gut aussah. Die beiden anderen waren ein etwas dicker Riese mit einem sympathischen Gesicht und ein Kleinerer, Schlanker mit braunen Locken. Bevor Lena sich aufrappeln konnte, packte sie auch schon der Riese und trug sie ins Haus. Es war ein sehr schönes, geräumiges Haus, doch sie bekam nicht allzu viel davon zu sehen, denn sie wurde schon wieder ohnmächtig. Als sie am nächsten Tag ihre Augen aufschlug, saß der ältere Mann an ihrem Bett. Das heißt, es war nicht ihr Bett, an dem er saß, sondern das, in welches der „Dicke" sie getragen hatte. „Und, wie geht es uns heute Morgen?", fragte sie der Mann. „Wo bin ich, wer sind Sie und wie bin ich hierher gekommen?", wollte Lena wissen. „Nun mal langsam. Sie sind auf der Ponderosa Ranch in Nevada, ich bin Ben Cartwright, das sind meine Söhne Adam, Hoss und Joe und wie Sie hierher gekommen sind, weiß ich nicht. Wir haben Sie gestern jedenfalls vor unserem Haus gefunden!" Lena blickte sich um. Die drei anderen Männer standen am Fuß des Bettes und lächelten sie an. Erst langsam kam ihr Gedächtnis zurück. Sie erinnerte sich an den stechenden Schmerz. Nach einer Weile sagte sie: „Leider kann ich Ihnen auch nicht sagen, wie ich hierher gekommen bin. Aber ich möchte Ihnen danken, dass Sie mir geholfen haben." Plötzlich dämmerte es ihr. Hatte der Mann nicht Cartwright gesagt? Natürlich! Die Cartwrights von der Ponderosa aus Nevada! Die Fernsehserie „Bonanza"! Aber das war unmöglich! Sie konnte sich unmöglich in einer Fernsehserie befinden! Oder etwa doch?

Carmen Isabel Schimmele (18), Neues Gymnasium Stuttgart-Feuerbach

Hunger

weiße wände
irgendwo weit entfernt höre ich babygeschrei
doch das unbarmherzig laute knurren meines magens übertönt es
ich starre die weißen wände an
sie leuchten braun
braun
meine farbe der sehnsucht
SCHOKOLADE
ich schreie
niemand hört mich
das verlangen nach dem braunen gott wird immer stärker
jede einzelne zelle meines körpers bebt
fiebrig öffne ich die schublade
doch meine letzte hoffnung
sie wird erbarmungslos ermordet
von der leere, in die meine nassgeschwitzten hände greifen
eine neue hungerattacke überfällt mich
das nagende gefühl des hungers
kämpft sich langsam, qualvoll und unersättlich
durch meinen ganzen körper
meine aufgeplatzten lippen
sie kleben leblos aneinander
fordern SCHOKOLADE zu spüren
ich würde sie gerne von ihrem unerträglichen leid erlösen,
doch ich habe keine kraft mehr
ich beiße mir auf meine geschwollene zunge
versuche mir vorzustellen, sie wäre aus der leidvoll begehrten süßigkeit

die meine zähne so lange, viel zu lange nicht beißen durften
in meinem gemarterten kopf zerfetzt es nun jedes einzelne gefäß
fleischfetzen, die nun abgerissen und reglos herunterhängen
werden sofort von der braunen hungerwelle aufgesogen
bin ich noch da?
ich spüre meinen körper kaum noch
der hunger verschlingt mich
beißt sich hartnäckig durch mein gehirn
alles gierig verschlingend, was er erreicht
meine adern schwellen durch ein heftiges pochen an
scheinen eine nach der anderen zu platzen
bis ich in einer riesigen braunen blutlache zu ertrinken drohe
die letzten sekunden
delirium
mein gesamtes 15-jähriges leben
zieht noch einmal an mir vorbei
all die schönen erinnerungen
an mein leben und an SCHOKOLADE
endlich kommt jemand in mein zimmer
erlösung
zu schwach, um zu reagieren
doch ich spüre, dass es meine freundin ist
ich bemühe mich, ihre worte zu verstehen, doch ich kann sie nicht fassen
wie schokolade, die in der sonne schmilzt
verschmilzt mein ganzes dasein
und ich falle, stürze in ein tiefes braunes Loch
SCHOKOLADE

Flavia Schadt (15), Albert-Schweitzer-Gymnasium Neckarsulm

Der Trabbi auf Westreise

1989, der Vorhang ging auf
Die Bühne der westlichen Länder
Stand dem Trabanten frei

Von Kopfsteinpflastergassen
Gen Westen durch die Republik
Über die Autobahnen des Führers
Nach Süden, in die Zivilisation

Durch's Franzland, vollgetankt mit Franzbrand
An Weingärten, mit Reben behangen
So dicht wie der Spreewald

Durch das Gebirge ins Land der Früchte
Unbekannte, faszinierende Orangen
An sonnigen Küsten entlang
Anders als an schwarzen Ufern
Dem Ozean des Geldes entgegen

Übers ewige Meer
Ins Land der Kapitalisten
Durch silberne Städte, mit lachenden Leuten
Weiter auf betonierten Highways
Der untergehenden Sonne entgegen
Weiter in Richtung Freiheit

Max Demel (15), Dillmann-Gymnasium Stuttgart

Veränderungen

Es war ein lauer Sommertag. Die Cafés in der Königsstraße stellten das erste Mal im Jahr ihre Tische und Stühle nach draußen und einige Gäste genossen schon das angenehme Klima. Auch Heinrich Schwarz, der es sich nicht nehmen ließ, seine Zeitung nun im Freien zu lesen. Er war ein etwas altmodischer, gut gekleideter Mann. Sein

Anzug im Karo-Muster war immer knitterfrei und hatte nie sichtbare Flecken oder Löcher. Oben am Kragen des Anzugs quoll ein Schal in einem leicht orientalischen Muster heraus, so wie man es zu seiner Zeit getragen hatte. Seine Haare waren zwar schon ergraut und nicht mehr so zahlreich wie vor zwei Jahrzehnten, aber er trug sie immer gepflegt nach hinten gekämmt, sodass seine faltige, markante Stirn gut zum Ausdruck kam. Zum Lesen seiner Zeitung setzte er immer eine spezielle Lesebrille auf, mit großen runden Gläsern und Bügeln aus künstlichem Wurzelholz, was zusammen mit seinem Anzug und dem Schal einen edlen Eindruck machte. Herr Schwarz las auch jeden Samstag dieselbe Zeitung: die Samstagsausgabe der Stuttgarter Zeitung. Dabei machte er immer einen sehr kritischen Gesichtsausdruck, was vermuten ließ, dass ihm das Lesen keinen Spaß machte, doch dahinter verbarg sich mehr als nur Lustlosigkeit. Heinrich Schwarz war einst angesehener Redakteur bei einer Stuttgarter Zeitung und hatte unzählige Beiträge für sie geschrieben. Er hatte ein, freundschaftliches Verhältnis zum leitenden Chefredakteur gehabt, was bis in ihrer beider Kindertage zurückreichte. Als dieser jedoch starb, musste schnellstmöglich ein Ersatz gefunden werden. Alle in der Redaktion waren davon überzeugt, dass es Herr Schwarz werden würde, doch es wurde anders entschieden. Ein junger, aber sehr erfolgreicher Redakteur wurde zum Nachfolger bestimmt und kündigte schon sehr früh grundlegende Veränderungen in fast allen Bereichen des Unternehmens an. Herr Schwarz erkannte, dass seine Zeit als Redakteur vorbei war, doch das Schreiben gab er nicht auf. Er war jetzt freischaffender Schriftsteller und das nicht ohne Erfolg. Von der Zeitung hatte er als Abschiedsgeschenk ein lebenslanges Abonnement bekommen, was er jeden Tag in einem der Stuttgarter Cafés auskostete. Doch das Lesen bereitete ihm mit der Zeit immer weniger Vergnügen, da sich die Zeitung unter der neuen Führung zusehends veränderte und zwar in eine Richtung, die Herrn Schwarz nicht gefiel. Er war sich sicher, dass sie dem alten Chef auch nicht gefallen würde. Mit der Zeit fragte er sich immer öfter, was wohl in der Firma geschehe; alle Bekannten, zu denen er noch Kontakt hatte, hatten sich nun ebenfalls einen neuen Arbeitsplatz gesucht, was zeitweilig zu einem Mangel an Personal führte. Herr Schwarz hoffte, dass dies dem Chefredakteur zumindest ein wenig zu Denken gab, doch schnell wurde ihm klar, dass das nicht so war. So ging das Ganze eine Weile und Herr Schwarz dachte beim Lesen der Zeitung immer weniger über das nach, was er da gerade las, sondern viel mehr über die Hintergründe, wie es den neuen Redakteuren erging, die diese Beiträge geschrieben hatten, oder was die Leute dachten, die die Zeitung lasen. Und so kam es, dass Herr Schwarz ebenfalls eine grundlegende Änderung in seinem Leben plante, zumindest für die nächste Zeit. Als er dann an diesem Tag aus dem Café zurück nach Hause kam und an seine Wand blickte, die voller Buchpreise war, verstärkte das seinen Glauben daran, dass seine Idee funktionieren müsste, oder zumindest nicht unbeachtet bleiben würde. Er hatte zwar bisher nur Romane und Krimis geschrieben, sich jedoch auch schon einige Male an einer Biografie versucht. Und so beschloss er, ein Buch über die Geschichte der Stuttgarter Zeitung und ihrer Führung zu schreiben. Er war sich nicht ganz sicher, ob er damit das erreichen würde, was er wollte, oder ob er überhaupt etwas erreichen würde, aber dennoch beschloss er, es zu tun, denn solange er objektiv und bei der Wahrheit bleiben würde, müsste es etwas bewirken. Seitdem war Herr Schwarz nicht mehr in den Cafés der Königsstraße anzutreffen.

Thomas Csecselics (16), Andreae-Gymnasium Herrenberg

Auf nach Osten!
Teilmetamorphose

Schauplatz: Newski Prospekt in St. Petersburg, Seitenstraße
Anlass: 300-Jahr-Feier von St. Petersburg
Person: Tourist als Ich-Erzähler

Es ist ein schöner, sonniger Tag. Es ist ein hübscher Tag. So hübsch, dass er zu jeder Jahreszeit schön sein kann.
 Die Straße, die ich entlangschreite, auf Hochglanz poliert. Denn man sieht nicht mal plattgedrückte Kaugummis oder weggeworfene Zigarettenstummel. Ein Triumph für jede Großstadt und für ihre Putzkolonnen.
 Es ist Mittag und die Stadt strahlt, wie gesagt, in ihrem prächtigsten Glanz. Ich bin so überwältigt von ihrer Schönheit, dass ich ein-

fach stehen bleibe und wegen der Sonnenspiegelung die Gegend mit zugekniffenen Augen betrachte.
Ich bin geblendet von der Schönheit der Architektur. Rechts von mir sind lauter Geschäfte der Konsumbranche wie Kneipen, Mode-, Juwelier-, Frisör-, Einkaufsläden. Die andere Straßenseite bietet ebenso viele wie pompöse Konsumhöhlen wie die, auf der ich meinen langsamen Gang fortsetze.
Ich gehe langsam, weil ich eben die Zeit dazu habe. Ich genieße den im Vergleich zu den anderen europäischen Großstädten etwas langsameren Fluss der Metropole. Die ehrwürdige und erhabene Stadt wirkt auf mich wie eine Kur auf einen Kranken.
Die Menschen, die vorbeigehen, haben auch etwas Beruhigendes und Nettes an sich. Kein Wunder! Schließlich sind es auch Petersburger und die sind für ihre Freundlichkeit bekannt und beliebt, nicht so wie die Moskowiter, bei denen man auf harte Abweisung oder Gleichgültigkeit stößt, nur wenn man nach der Uhrzeit fragt.
Ich glaube, die Petersburger wären an dem Tag noch netter gewesen, wenn nicht alle hundert Meter ein Militrupp gestanden hätte. Denn alle Russen haben schon von ihrer Geburt an eine große Abneigung gegen die Miliz und gegen jegliche Form von Judikative, die durch die Vielzahl ihrer verworrenen Paragrafen das Leben eines Bürgers zur Hölle machen kann. Eben diese Abneigung war an jenem Tag kaum zu übersehen. Zwar benahmen sich die Bürger, als wäre nichts dabei, dass es mehr Milizionäre als Passanten gab, aber im Hinterkopf behielten sie trotzdem ihr Misstrauen und auch die angeborene Abneigung.
Ich hatte genug davon. Von diesem westlichen Flair, dem ich zu entkommen versuchte und in Russland einen Zufluchtsort finden wollte, eine Art Kurort für meine gemarterte Seele.
Und da ich mich noch zudem in der Nähe von so viel Miliz eher etwas verunsichert als sicher fühlte, bog ich in eine Seitenstraße ein und überließ das schnelle Treiben den Geschäftsleuten. Schon nach einigen Metern bedauerte ich die Entscheidung. Petersburg sollte mir nicht nur als Stadt des Glanzes in Erinnerung bleiben
Die Stadt zeigte mir auch ihr wahres Gesicht und nicht nur die glanzvolle Fassade, was ich eigentlich lieber gehabt hätte.
Vor meinen Augen stehen verfallene Häuser, aufgerissene Straßen, Müll überall und Menschen, die auf, neben und unter dem Müll

Platz suchen. Diese Menschen sind Obdachlose, die man anlässlich der 300-Jahr-Freier von den saubergeleckten Hauptstraßen fernhielt.

Sie sind die unerwünschten Gäste, die vom neuen, glanzvollen und aufstrebenden Russland nicht eingeladen wurden. Aber es ist ihr Russland, dennoch können sie nichts bestimmen, genauso wie die meisten Russen.

Nicht, dass sie nicht dazugehören wollen, es geht einfach nicht.

Die Obdachlosen hält ein Großaufgebot der Miliz von den lukrativen Geschäften fern. Denn es sind auch viele Ausländer, Touristen, Journalisten und Geschäfsleute in der Stadt. Man will sich einfach nicht den schönen Glanz verderben.

Und die breite Masse, die Bürger, werden von den lukrativen Geschäften ferngehalten, die einem zur Macht verhelfen. Dies geschieht aber nicht öffentlich, denn das heutige Russland ist, von der Staatsform her, eine Demokratie.

Es ist eine ganze Palette verdeckter, unüberschaubarer Hindernisse, wie Betrug, Fälschungen, Korruption, Oligarchie, Propaganda, Einschüchterung und Diktatur auf den Weg gelegt.

Und wenn es doch einer schaffen sollte, diese Hindernisse zu umgehen, so wird er einfach von der Sonnenseite in das Reich der Schatten befördert.

Dies wusste ich schon vor meiner Abreise nach Russland. Aber dass ich diese Ungerechtigkeit und die Ausweglosigkeit des russischen Volkes sogar in dessen Machtzentrum spürte, brachte mich in traurige Verstimmung.

Aber Russland ist groß, seine Weiten scheinen unbegrenzt.

Ich will weg, nur weg von hier. Gebt mir keine prunkvollen Städte voller Glanz. Gebt mir lieber die unendlichen Weiten Russlands, wohin noch kein Mensch seinen Fuß gesetzt hat.

Auf in ein Land voller Überraschungen und Gefahr! Auf in ein Land völliger Freiheit und Ungebundenheit! Auf nach Osten.

Andreas Miller (19), Eduard-Mörike-Gymnasium Neuenstadt

Stumme Liebe

Er wusste ganz genau, er ist dazu fähig zu sprechen. Er wusste, er kann es, wenn er will. Bloß er wollte es nie. Als Kind hatte er vier Psychologen besucht, am Ende der Therapien waren alle vier sprachlos. Er wurde oft als verrückt erklärt, aber er wusste, er war es nicht.

Seine Eltern haben alles versucht, um ihn zum Sprechen zu kriegen. Eines Tages kam seine Mutter in ihrer Verzweiflung auf die Idee, ihn auch anzuschweigen, in der Hoffnung, dass er dadurch irgendwann selber die Lust verliere am Schweigen. Aber das bewegte ihn auch nicht zum Sprechen. Seit diesem Tag hat seine Mutter niemals mehr ein Wort gesagt und ist schließlich gestorben, mit der leisen Hoffnung, dass er sich irgendwann dazu entscheiden werde, doch zu sprechen. Sein Vater hatte vor Angst angefangen, ununterbrochen Selbstgespräche zu führen, er hörte damit nicht einmal im Schlaf auf.

Er war kein Sturkopf, der versuchte andere Menschen zu ärgern. Er wollte einfach nicht reden. Manchmal überkam ihn wie von einem Blitz getroffen eine Welle von Emotionen, die er gerne kurz erwähnen würde, jedoch verging ihm auch so schnell wie ein Blitz wieder verschwindet jedes Mal die Lust danach, als er Luft holte, um anzufangen.

Es war erstaunlich wie viel die Menschen am Tag redeten und wie viele Menschen am Tag redeten. In diese Gedanken verfallen, lief er ruhig an einem kühlen Donnerstag vom Friedhof, in dem seine Mutter begraben war, zur Bushaltestelle. Im Bus setzte er sich auf den nächsten freien Sitz, vertieft in die Welt redender Menschen, als ihn plötzlich die Liebe traf. Sie hatte lange schwarze Locken, ein makelloses Gesicht, eine bezaubernd schöne und dunkle Haut, eine umwerfende Ausstrahlung und warme braune Augen, die ihm den Atem raubten. Das Allerschönste war, dass sie sich neben ihn gesetzt hatte. Ihn überkam wieder einer Welle von Emotionen, aber irgendwie anders. Er holte tief Luft, um etwas zu sagen, und zu seinem eigenen Erstaunen wollte er wirklich was sagen. Er versuchte es, es verkrampfte sich letztlich seine Zunge. Er traute sich nicht. Er saß nur steif neben ihr. Ihm wurde es heiß. Schweißperlen liefen an seiner Stirn herunter bis zur Nasenspitze. Er blinzelte wie verrückt, weil ihm eine Schweißperle ins Auge lief, aber er konnte nichts machen. Er saß einfach nur stumm da. Die Arme auf seinen Schoß gelegt. Er versuchte sich zu fassen. Er kam auf die geniale Idee, sie zum ersten Schritt zu bringen. Er nahm all seinen Mut zusammen und nieste einmal in der zitternden Hoffnung, dass sie „Gesundheit" sagt. Es kam nichts. Vielleicht wartete sie ja auf das zweite Mal. Und tatsächlich, sie reagierte darauf. Sein Herz raste, aber es war nur eine kleine Geste. Sie lächelte nur vor sich und sah ihn aus dem Augenwinkel heraus kurz an und reichte ihm ein Taschentuch, das sie aus der Tasche herausgeholt hatte. Als er sich die Nase putzte, fiel ihre Tasche auf den Boden, daraufhin schmiss er das Taschentuch auch auf den Boden und fiel selber fast schneller als das Taschentuch zu Boden, um die Tasche aufzuheben. Sie bedankte sich wieder mit einem bezauberndem Lächeln, aber sie sagte nichts. In seinen Gedanken, wie er eine Unterhaltung starten könnte, registrierte er nicht, dass sie etwas auf einen Block geschrieben hatte und diesen ihm zeigte. Als sie ihn anstupste, lief es ihm eiskalt den Rücken runter und er spürte, wie ihm das Blut ins Gesicht schoss, sodass er seiner Vermutung nach etwas roter als eine Tomate sein müsste. Er las die Schrift auf dem Block und war danach überglücklich. Darauf stand: „Danke. Ich kann leider nicht reden. Ich wurde stumm geboren ..."

Ercag Duymaz (17), Andreae-Gymnasium Herrenberg

Lebst du noch oder wohnst du schon?

Ich dachte nach. War es klug gewesen, mich für diese Operation zu entscheiden? War es das richtige, mein normales Leben aufzugeben und mich dem neuesten Trend des 21. Jahrhunderts anzupassen?

Vor drei Stunden hatte ich mir einen Computerchip in den Arm operieren lassen, nachdem ich eine Anzeige auf der großen Leuchtreklametafel über McDonalds gelesen hatte: "Stress mit Familie und Arbeit? Lust auf was Neues? Dann lassen sie sich noch heute den XTV-3000 einpflanzen und erleben sie unglaubliche Dinge." Neugierig wie ich war, hatte ich mich zu Hause umgehend im Internet über den XTV-Chip erkundigt. Was ich herausfand, ließ mich nicht schlecht staunen: Der Computerchip war die Verbindung zu einem großen Computer. Wenn man sich per Kabel an die Steckdose anschloss, erkannte der Stromkreislauf die Signale des Chips und man wurde sofort mit dem Computer verbunden. Sobald die Verbindung stand, war man im "neuen Leben". Man befand sich in einem Computerprogramm, das sich E-World nannte, in dem man auf die unterschiedlichsten Arten ein neues, virtuelles Leben anfangen konnte. Mitbewohner dieser Welt waren andere Menschen, die den XTV implantiert hatten sowie computergesteuerte Personen, die dem virtuellen Universum den gewissen realen Schliff verliehen. Jeder Neuling startete in der virtuellen Welt mit nichts als einem zugegebenermaßen ziemlich bescheidenen Kontostand von E-Dollars, der Währung in E-World. Damit konnte man sich nun allerlei mehr oder weniger nützliche Sachen kaufen, mit denen man dann sein Geld vermehren oder andere Sachen machen konnte. Alles in allem glich diese E-World also einem überdimensionalem Computerspiel.

Auf der Internetseite wurde die ganze Zeit dafür geworben, in die E-World einzuziehen. Reklamen wie "Lebst du noch draußen oder wohnst du schon hier?" fand man überall auf der Website. Die Angebote klangen verlockend, also hatte ich mich auf den Weg gemacht. Den Weg in die Zentrale der E-Company, wo man sich für die E-World registrieren konnte und dann auch sofort seinen Chip implantiert bekam. Das Gebäude hatte auf mich einen äußerst seriösen Eindruck gemacht, also war ich wie in einem Traum hineingegangen und dann ging alles ganz schnell: Zwei kurze Dialoge mit dem Mann am Infostand und einem Mann in einem weißen Anzug, eine Unterschrift und schon lag ich auf dem OP-Tisch. Ab da konnte ich mich an nichts mehr erinnern. Erst als ich wieder aufwachte, begann ich nachzudenken. Da ich mir allerdings sicher war, eine gute Entscheidung gefällt zu haben, schlenderte ich nach Hause.

Nun saß ich also auf meinem Sofa und las ein letztes Mal die Anleitung, die mir die Frau in der E-Zentrale gegeben hatte. Ich befolgte die Anweisungen und nahm das Kabel, das der Anleitung beilag, steckte es an den Chip, der halb aus meinem Arm hervorschaute und atmete tief ein. Dann steckte ich das Kabel in die Steckdose. Sofort spürte ich ein sanftes Summen durch meinen Körper strömen und mit einem Schlag wurde alles um mich herum schwarz. Als ich wieder sehen konnte, stellte ich fest, dass ich mich auf einer Straße in einer

Hochhausschlucht befand. Der Anblick erinnerte mich an die Fernsehbilder der 5th Avenue in New York, so ein reges Treiben herrschte hier. Fröhlich drehte ich mich um und sah, dass die Straße auch hinter mir weiterging. Als ich aber sah, dass sich hinter mir weder ein elektronisches Portal noch ein anderes Anzeichen für einen Ausgang befand, traf es mich wie ein Blitzschlag: Niemand hatte mir gesagt, wie ich hier wieder rauskommen würde.

Max Demel (15), Dillmann-Gymnasium Stuttgart

Faustdicke S(z)eiten

Habe nun, ach! Physik,
Chemie und Biologie,
Und leider auch Mathematik!
Durchaus studiert, mit heißem *Bemühn.*
Da steh ich nun, ich armer Tor
Und bin so klug als wie zuvor;
Heiße Abiturient, nein Abiturientin gar,
Und mich ziehen schon an die dreizehn Jahr,
Herauf, herab und quer und krumm
Meine Lehrer an der Nase herum –
Und ich sehe, dass wir nichts wissen können!
(liegt in erster Linie am reformierten Schulsystem!)
Das will mir schier das Herz verbrennen.
Zwar bin ich gescheiter als alle die Laffen,
Die in der Ecke hocken, sich zudröhnen und paffen;
Mich plagen weder Skrupel noch Zweifel,
Fürchte mich nicht, euch zur Kritik zu gereichen,
Schließlich ist mir auch alle Freud entrissen,
Kann mir nicht einbilden, was Rechtes zu wissen,
Bilde mir aber durchaus ein, ich könne was lehren,
Herrn Oettinger zu bessern und zu bekehren.
(blöd, wenn man die Suppe der Vorgängerin auslöffeln muss, gell)
Auch hab ich weder Gut noch Geld
Noch Ehr und Herrlichkeit der Welt;
Es möchte kein Hund so länger leben!

Drum hab ich mich der Literatur ergeben,
Sodass durch Geistes Kraft und Mund,
Die Fehlentscheidungen werden kund;
Dass ich nicht mehr mit saurem Schweiß,
Dahinnehmen muss, was ich nicht weiß;
(bzw. was ich weiß: Integralrechnung!)
Dass Geld und Macht die Welt
Im Innersten zusammenhält,
Schaut doch all die Wirkenskraft und Samen,
Während Politiker verwegen in Worten kramen.
Oh seht ihr, voller Mondenschein
Nur einmal auf des Volkes Pein,
(Richtig erkannt. Jetzt seid ihr „Großkonzernbosse" dran!)
Die so manche Mitternacht
In euren Fabrikhallen herangewacht;
Doch dann, über Büchern und Papier,
Trübsel'ge Gier erschienst du hier!
„Ach, geh ich doch auf Bergeshöhen,
Wo Menschen zufrieden sind mit niedrigen Löhnen",
Um wie Götter über sie zu schweben,
Während viele von ihnen auf der Straße leben.
Von allem Frust entladen,
Hoffe ich mich hiermit gesund zu baden.
Oh weh! Ich steck in diesem Kerker noch!
Verfluchtes deutsches Mauerloch!
Wo selbst das liebe Himmelslicht
Trüb durch gemalte Scheiben bricht!
Beschränkt von Aktienkursen und Gewinn –
Ein Land von Eigensinn bedeckt,
wo sich jeder nur „im Arsche" leckt –
Wo alle ohne Rücksicht, ohne Sinn,
Ins Ausland zieht – die Arbeitsplätze sind dahin.
Die soziale Marktwirtschaft wird abgeschafft,
Familien, Frauen, Männer dahingerafft,
Seh' hin! Von all dem bist auch du umstellt!
Das ist deine Welt! Das ist unsere Welt!

Olivia Kobiela (19), Eduard-Mörike-Gymnasium Neuenstadt

Enzensberger – entführt

Ich habe meine Geschichte schon so oft erzählt – meiner Frau, der Polizei, den Reportern, meinen Freunden –, dass sie mir abhanden zu kommen droht. Sie macht sich selbstständig, plattet sich ab; der Schock verschwindet in ihren Formulierungen; die Wiederholung verdrängt das bedrohliche ... Aber wenn sie unbedingt wollen, will ich es noch einmal versuchen.

Am Dienstag der vergangenen Woche verließ ich das Haus, wie jeden Morgen, kurz vor neun Uhr. Mein alter Volvo stand gleich vor der Tür. Ich wollte noch Zigaretten kaufen; der Zeitungsladen der alten Kadritzke liegt im Nebenhaus. Als ich mit der frischen Zeitung in der Hand aus dem Laden kam, bemerkte ich zwei Männer, die an der Ecke herumtrödelten. Ich nahm den Wagenschlüssel aus der Tasche und wollte gerade einsteigen, da trat einer der beiden auf mich zu. Es war der Jüngere; er trug eine Lederjacke, und es fiel mir auf, dass er sehr blass war; besser gesagt, er war grau, grau im Gesicht. Er sagte nur: „Ihre Papiere, bitte."

„Wieso? Wer sind sie überhaupt?"

Aber da war schon der andere dicht hinter mir.

„Machen sie keinen Unsinn", sagte er leise. „Steigen Sie ein."

(H.M. Enzensberger)

Bevor ich überhaupt wusste, wie mir geschah, fand ich mich in meinem Auto wieder. Der Jüngere saß auf dem Beifahrersitz, immer noch grau im Gesicht, der andere in die Rückbank gepresst. Plötzlich nimmt er eine Pistole aus seiner Jackentasche und presst sie mir in den Nacken! „Du machst jetzt genau dass, was ich dir sage!" Mit einem Stottern brachte ich nur ein „Wohin denn?" hervor. Sie dirigierten mich Richtung altes Bahnhofsgelände, am alten Schrottplatz vorbei, auf das Baugelände quer hindurch und als letztes vor eine Art Garage. Das "Grau-Gesicht" zerrte mich aus dem Wagen, dicht gefolgt von dem anderen, der mir immer noch die Pistole nun in die Seite presste. In der Garage angekommen, musste ich mich erst mal auf einen Stuhl setzen, wie zu erwarten wurde ich dementsprechend auch gefesselt. Nicht zu vergessen das Klebeband, das sie mir auf den Mund klebten. Nicht zimperlich! Dann gingen sie. Wunderbar, ich hier alleine in einer dunklen, stickigen, muffelnden alten Garage.

Was tun? Ich stellte mir die ganze Zeit Fragen. Ich bin doch gar nicht reich. Eltern, die reich sind und mir was überlassen könnten, hab ich auch nicht. Also, warum nur?! Ich weiß nicht, wie viel Zeit verging, doch ich sah ein helles, weißes Licht. Das Garagentor öffnete sich, herein kamen das Gau-Gesicht und der andere Held. Ich hätte sie verflucht, wenn ich gekonnt hätte. Doch dieses Klebeband vor meinem Mund hinderte mich völlig! Aufgefallen war mir, dass das Grau-Gesicht noch bleicher und blasser war, als noch vor ungefähr zwei Stunden. Er fing zu meinem Erstaunen an zu stottern. „Uns ... Ähm ... ist ein kleiner Irrtum unterlaufen. Nun ja, Sie sind der – Falsche!" – Was zur Hölle ...?!, dachte ich. Na wunderbar, ich sitze hier seit 'ner halben Ewigkeit und diesen „tollen" Kidnappern fällt nichts Besseres ein, als den Falschen zu erwischen! Der eine band mich los und der andere entfernte mir mit zitternder Hand das Klebeband vom Mund. Ein wenig angespannt warteten sie, wie ich denn reagieren würde. Zunächst stand ich auf, aber nicht ruckartig, denn der eine hatte immer noch seine Pistole in der Hand. Ich fing an, mit ihnen zu reden, doch ehe ich einen Satz anfangen konnte, da griffen sie mich jäh an einem Arm, schleppten mich aus der Garage und setzten mich in mein Auto. Der eine sagte noch schnell: „Und, wehe, ein Wort zur Polizei ...!" Er vollführte noch eine Geste, wonach mir in diesem Fall die Kehle durchgeschnitten würde! Zuerst wusste ich nicht recht, was das denn nun sollte! Doch dann kam ich aus meiner Gedankenwelt wieder zurück und drückte meinen Fuß aufs Gaspedal, bevor es sich die Kidnapper doch anders überlegen sollten!

Zu Hause angekommen war ich noch völlig verwirrt darüber, was mir vor knapp drei Stunden wiederfahren war. Eine Entführung! Erzählen konnte ich es zu diesem Zeitpunkt noch niemandem. Meine Frau war arbeiten und mein Dackel war bei der Mutter. Ich überlegte mir ständig, ob ich nicht doch die Polizei einschalten sollte. Am späten Abend, als ich kurz davor war, meine Lieblingsserie im Fernsehen anzuschauen, da hörte ich etwas Merkwürdiges unten an der Straße. Neugierig lief ich ans Küchenfenster, das mir einen Blick auf die Straße gewährte. Ein Motor lief im Standgas, Türen wurden zugeschlagen! Und da schaute eine Gestalt zu mir hinauf: Das Grau-Gesicht ...!

Vincent Severin (14), Dillmann-Gymnasium Stuttgart

Older

I think I´m getting older
Now I know
Life is drawing
Without an
Eraser.

Every word you ever said
Can´t be fetched back
They are said out into
The world
Often without any mercy

I´ve learned
That your dreams
Become your thoughts
And your thoughts
Your character

Well,
Even dreaming is
Dangerous
In this world
You must hide
Yourselves
Behind every corner
Because maybe
In the next street
A dream could wait
For you

Asadeh Motejadded (17), Stiftsgymnasium Sindelfingen

Blitz und Donner

Reaktionen auf den Anschlag der 95 Prothesen in Württenberg, 2004. Brief einer Schülerin an Dr. A. Schavan

Sehr geehrte Frau Schavan,
Ich bin im moment in der dreizehnten Klasse des Eduard-Mörike-Gümnasiums und wollte mich in aller Ehrgebietung bei ihnen für ihr Angschmong und ihren mut bedanken. Sie glauben gar nicht wie froh ich bin, dass sie den Mut zur Reformation gehabt hatten. (Lassen sie sich von diesen Protestanten nicht entmutigen!!!)
(...) In den letzten 1,5 jahren wurde mir ein sooo immanentes Wißen zuteil, dass es des ausgiebigen Dankes wert ist.
Wissen sie was eine Bernoulli-Kette ist?
Ich wusste es bis vor kurzem auch nicht, doch jetzt! Hermann Hesses Hochzeitsgeschenk an seine geliebte frau! Und wu wir gerade bei Hesse sind!
Sogar in Mathe lernten wir etwas über seine Normalenform! Ist das nicht intradisziplinär! Oh, wie mich diese Zusammenhänge erleuchten! Oh, wie ich ihnen Danke! Aber es geht noch weiter!
Wussten sie, dass die Franzosen einen Ballsack hatten der Bücher schrieb?
Oder war es doch ein Nussack? Na, so genau weiß ich das dann doch nicht (...)
Und in Chemie! (...) na ... wie heißt dieser stoff nur? Es ist eine Legitimierung aus Kupfer und Zink. Es gab auch einen Schriftstelle der so hier!
Und das besste! (Ich bin mir sicher, das dass nur Gümnasiasten wissen!)
Cesar hat sich nach einer Hundefuttermarke benannt! Er der große Imperator! Unglaublich, oder?
Ich hoffe sie können jetzt – nachdem sie ja leider nicht mehr Kult-Usministerin sind – mit gutem gewissen auf ihre längst überfällige Bildungsreform zurückblicken.

gezeichnet
O. Kobiela
Abiturientin des Jahres 2006

Olivia Kobiela (19), Eduard-Mörike-Gymnasium Neuenstadt

WM 2006

Und schon ist die WM vorbei.
Zu staunen gab es allerlei.
Auf einmal all die deutsche Fahnen
In Städten und auf Autobahnen

So gab es auch Erfolg zu feiern
Und nicht nur unter FIFA-Geiern.
Das Sportliche ragte heraus,
Lizenzen wurden nicht zum Graus

Ob Schweini, Poldi, oder Ballack,
Ob Klinsi schreit: Gib doch den Ball ab!
Wenn Bälle knallten nur an Holz,
Die Deutschen waren trotzdem stolz.

Ganz ehrlich: Wer hätt' das gedacht?
Was hat die Elf denn da gemacht?
Ist aus dem Winterschlaf erwacht
Und hat die Leistung voll gebracht!

Nur Spielverderber wollten stressen:
„Hat man die Nazi-Zeit vergessen?"
Als wäre uns das nicht bewusst!
Statt Nazifrust gab's Fußballlust.

Das Land hat wieder ein Gesicht.
Des Landes Kinder sind erpicht
Die deutsche Hymne mitzusingen
Und mitzumachen, mitzuschwingen.

Italien zwar verdarb den Spaß,
Die Deutschen lagen glatt im Gras,
Vielleicht hat's trotzdem viel gebracht,
Denn Deutschland hat wieder gelacht.

Christian Walter (16), Albert-Schweitzer-Gymnasium Neckarsulm

Kommentar zu den Xenien von Schiller & Goethe

Was kichert und lacht,
was gackert und kracht
im stillen Kämmerlein zu Weimar?

Wer zerpflückt die Worte,
wer begeht an Silben Morde?
Es sind Schiller und Goethe Superstar!

Goethe und Schiller
betätigen sich als Killer
von Silben, Humanität und Anstand.

Xenien dichten sie,
die ihnen niemand verzeihen wird – nie!
So bitterböse spotten sie alles an die Wand.

Der gemeine Mann muss dran glauben,
ebenso wie die Ärzte schnauben.
Fett weg kriegt auch die Aristokratie.

Lebensweisheiten, manch wicht'ges Wort
oder Konkurrenten: Sie alle geh'n über Bord.
In Seenot gerät die griechische Mythologie.

Politiker, Philosophen und Professoren:
Alle zum Verspotten auserkoren.
Auf Deutsch plus Latein, immer bis zum Überlaufen.

Ob Religion – es ist eine Schand! –
Ob Richter, ob Lessing, ob Kant
– sie alle sich die Haare raufen!

Der einzige Lichtblick
– ich geb seine Existenz ja zu –
ist nur ein kleiner Trick:

Nur mit Initialen betitelt
haben einige Zeitgenossen ein wenig Ruh'
– durchschauen tut das nur nicht, wer minderbemittelt!

Was kichert und lacht,
was gackert und kracht
man heute über diese Sachen?

Überall schmunzelt man heut, was Genies verübt
und was früher manch edles Herz betrübt:
Gleich geblieben ist worüber wir lachen.

Simone Wieland (17), Neues Gymnasium Stuttgart-Feuerbach

Eine (Kata)Strophe

Endlos im Stau stehen auf nassem Asphalt
glänzender Autolack bis zum trüben Horizont
lauthals ruft die Arbeit
und leise weint der Himmel

Zu guter Letzt die Ankunft im Warmen
ein kurzes Wohlgefühl
herrlich diese Tropenholzmöbel
doch auf auf – das Geld verdient sich nicht von allein
und zeitgleich stirbt in Südostasien
mit fragendem Blick der letzte Orang-Utan

Auf der Couch vor dem Fernseher
entspannende Berieselung zum Feierabend
Experten diskutieren die Klimakatastrophe
knips – und aus! ... zu ungemütlich
„Schatz, denkst du morgen an den Steuerberater?"
ein Knistern im Kamin
verzehrendes Feuer und dicke Rauchschwaden

Und im Radio
von allen überhört
eine kurze Botschaft

Ladies and Gentlemen
Game over

Irina Schumski (18), Eduard-Mörike-Gymnasium Neuenstadt

Wie können Trennungskinder sich zusammenreißen?

Wie können Trennungskinder sich zusammenreißen?
Hat Blüm sich seine sich're Rente selbst geglaubt?
Weswegen darf ein Kriegsminister Rumsfeld heißen?
Und wozu gibt es Kriegsminister überhaupt?

Darf man Beamte wohl beatmen, wenn sie schlafen?
Was kann man tun, wenn ein Vergaser mal versagt?
Und was, wenn Grafen Paragraphenstrafen trafen?
Und hat der Bundestag schon mal bei Nacht getagt?

Auf wessen Mist wuchs niemals eine blühnde Landschaft?
Wie macht ein dummer August sich 'nen schlauen Lenz?
Ist Köhler stark, wenn er den Eid mit einer Hand schafft?
Und warum hießen manche Päpste Impotenz?

Fragen über Fragen,
die seit Tagen an mir nagen!
Bis zum Kragen ragen Fragen,
die mich sozusagen plagen.
Nicht verzagen und nicht klagen,
einfach fragen!

Sind Gläser, die nur halb leer sind, nun pessimistisch?
Und was ist eigentlich das Schlechte am Geschlecht?
Wer hat gesagt, die SPD sei sozialistisch?
Sind für Herrn Schäuble Linke link und Rechte recht?

Darf man aus purer Absicht unvorsichtig handeln?
Rutscht man auf 'ner Bananenschale wirklich aus?
Kann Steinbrück schaffen, Gold in Eisen zu verwandeln?
Und welchen Vogel hatte CSU-Chef Strauß?

Fragen über Fragen ...

Was grünt so grün im Parlament – und keiner sieht es?
Hat Helmut Kohl zwei Vaterländer eingemacht?
Wann zahlt ein Land mal Strafe wegen Defizites?
Und welchen Namen trägt die PDS heut nacht?

Wer wirft nicht um sich mit den riesengroßen Würfen?
Und wie, zum Teufel, setzt man Springer bloß schachmatt?
Was läuft verkehrt, wenn Nazis demonstrieren dürfen,
und Demokraten macht der Wasserwerfer platt?

Wer macht die Wehrmacht ungeschehen, und wer darf es?
Was kann ein Freier während seiner Freizeit tun?
Schreibt man den Rechtschreib-Grass noch nicht mit Scharf-S?
Steckt Good Old Europe wirklich in den Kinderschuh'n?

Fragen über Fragen ...

Wie unvermittelt scheitert manchmal ein Vermittler?
Wer zählte sechs Milliarden Menschen auf der Welt?
Was sagte Guido Knopp im Bunker einst zu Hitler?
Wer „traf" den Joschka und sein Ohr in Bielefeld?

Was tut ein Kenner bitte sonst noch – außer Kennen?
Wann sind wir endlich von der „Lindenstraße" frei?
Wie konnte man den Kanzler Kohl nur „Birne" nennen?
Darf man so tun, als ob man Hypochonder sei?

Wie wär's, wenn ich zu meiner Hochzeit mal zu dritt komm?
Wie kommt ein Stehaufmännchen aus dem Gleichgewicht?
Ist Westerwelle eine Politik mit Sitcom?
Wie kann ein Bahnhof pünktlich sein und Züge nicht?

Kam Jesus auf die Welt mit einer Plastiktanne?
Hat Merkels Mann die eig'ne Hochzeit miterlebt?
Warum haut „Bild" den Kannibalen in die Pfanne?
Ist Michel Glos bei Maybrit Illner festgeklebt?

Fragen über Fragen ...

Warum ist denn die Steigerung von Herd nicht Herder?
Wie kriegt Herr Merz die Micky-Maus-Frisur bloß hin?
Warum ist ein Soldat auf keinen Fall ein Mörder
Und die Soldatin niemals eine Mörderin?

Tilman Lucke (22), Berlin

Kinderlied für Ursula

Wir Kinder wollen uns bei dir bedanken,
oh, liebe Ursula, es ist geschafft:
Du weisest Junggesell'n in deine Schranken
und nimmst sie leyenhaft in Sippenhaft.
Weil man dank dir, Ursula von der Leyen,
nun wieder unvorsichtig poppen darf,
wir dir dieses kleine Liedchen weihen:
Oh, liebe Ursula, wie bist du scharf!

Den meisten Leuten fehlt der rechte Wille,
oder sie wissen einfach nicht, dass man
mit einem Stromausfall und ohne Pille
für die Gesellschaft was erzeugen kann.
Die Bundeskanzlerin hat keine Kinder,
das macht die nicht vorhand'ne Disziplin.
Doch deinetwegen sei ihr dieser minder-
wertige Lebenswandel noch verziehn.

Auf keinen Fall sind Frauen für den Herd da,
das weißt du aufgeklärte Frau genau.
Der Sachverhalt ist nämlich umgekehrt, da
der Herd allein gemacht ist für die Frau.
Mit sieben Kindern, Pferd und Esel und einem Goldfisch, der noch in der Wanne liegt,
in so 'nem großen Haus ist immer Schwund bei –
doch stirbt ein Esel, wird ein Kind gekriegt.

Als dritte Tochter eines ernsten Albrechts,
der immer noch wie ein Behälter strahlt,
erziehst du deine Kinder nicht nur halbrechts,
denn Albrecht ist es ja, der sie bezahlt.
Drum danke deinem Vater an der Leine,
dass du ein Vorbild sein kannst auch für die,
die mit Hartz vier und Kindergeld alleine
klarkommen für 'ne Kinderkompanie.

Bist Vorbild auch für die Berliner Göre,
die ich Samantha Schulze nennen will,
ja, die hat immer 'n Braten in der Röhre,
und auch ihr Kinderwagen steht nie still.
Wär' euer Elterngeld damals geschwinder
gekommen als so mancher Kavalier,
die sieben Väter ihrer sieben Kinder,
die wären heute alle noch bei ihr.

Wir Kinder wollen uns bei dir bedanken,
oh, liebe Ursula, es ist geschafft:
Du weisest Junggesell'n in deine Schranken
und nimmst sie leyenhaft in Sippenhaft.
Du bist die Powerfrau, die auch zu Hause
buchstäblich Leben in die Bude bringt.
Wir hoffen, dass dir vor der Menopause
noch ein, zweimal der große Wurf gelingt!

Tilman Lucke (22), Berlin

Kinderlied für Ursula

Text und Melodie: Tilman Lucke ℗ 2007
Klavierversion: Gerda Herrmann

Wir Kin-der wol-len uns bei dir be- dan-ken, oh, lie-be
Den mei-sten Leu-ten fehlt der rech-te Wil-le, o-der sie
Auf kei-nen Fall sind Frau-en für den Herd da, das weißt du
Als drit-te Toch-ter ei-nes ern-sten Al-brechts, der im-mer
Bist Vor-bild auch für die Ber-li-ner Gö-re, die ich Sa-
Wir Kin-der wol-len uns bei dir be- dan-ken, oh, lie-be

Ur-su-la, es ist ge-schafft: Du wei-sest Jung-ge-sell'n in ih-re
wis-sen ein-fach nicht dass man mit ei-nem Strom-aus-fall und oh-ne
auf-ge-klär-te Frau ge-nau. Der Sach-ver-halt ist näm-lich um-ge-
noch wie ein Be-häl-ter strahlt, er-ziehst du dei-ne Kin-der nicht nur
man-tha Schul-ze nen-nen will, ja, die hat im-mer'n Bra-ten in der
Ur-su-la, es ist ge-schafft: Du wei-sest Jung-ge-selln in dei-ne

Schran-ken und nimmst sie ley-en-haft in Sip-pen-haft. Weil man dank
Pil-le für die Ge-sell-schaft was er-zeu-gen kann. Die Bun-des-
kehrt, da der Herd al-lein ge-macht ist für die Frau. Mit sie-ben
halb-rechts, denn Al-brecht ist es ja, der sie be-zahlt. Drum dan-ke
Röh-re, und auch ihr Kin-der-wa-gen steht nie still. Wär' eu-er
Schran-ken und nimmst sie ley-en-haft in Sip-pen-haft. Du bist die

Der tote Bote

Die Post
im Stadtteil Ost
kommt heute nicht,
weil der tote Bote dort umringt von Leuten liegt.
In dem Auto sitzt er tot
im totalen Haltverbot
und hält friedlich in der Hand 'ne Scheibe Brot.
Der Täter konnte unerkannt entweichen.
Und auf dem Toastbrot klebt ein Postwertzeichen;
drunter steht – nach Vorschrift zwei –
wem das Brot geschrieben sei,
und der Absender natürlich auch dabei.

Das ist die Ballade von dem Mann,
der ein Brot verschicken wollte und nicht kann.
Er erschlug den Boten fix,
doch das nützte leider nix,
denn das Brot kam dadurch auch nicht schneller an.

Der Mann hat sich verliebt in eine Dame.
Er kannte nur Geburtstag, Haus und Name.
Er hätt' sie so gern liebkost,
sie wird dreißig morgen, prost!
Darauf sprach und schickte er ihr einen Toast.
Doch hätte er's geschrieben früher nuhuhur!
Die letzte Leerung war um vierzehn Uhuhur!
Blickt auf seine Uhr entsetzt –
kurz vor zwei ist's eben jetzt –
und ist außer sich zum Briefkasten gewetzt.

Das ist die Ballade von dem Mann,
der ein Brot verschicken wollte und nicht kann.
Er erschlug den Boten fix,
doch das nützte leider nix,
denn das Brot kam dadurch auch nicht schneller an.

Von weit sieht er: Der Postmann leert den Kasten.
Er gibt das Brot ihm, dieser pöbelt: „Was denn?
Ich beförd're doch kein Brot!"
Und der Mann in seiner Not
schlug den Postmann – um den Brotes willen – tot.
Er setzte ihn schockiert zurück an Bord,
gab ihm das Brot noch, deshalb war er dort.
In der Notsituation
lief er weg. Zu Hause schon
sprach ein Polizist zu ihm in ernstem Ton:

Das ist die Ballade von dem Mann,
der ein Brot verschicken wollte, aber leider nicht mehr kann.
Du erschlugst den Boten fix,
doch das nützte leider nix,
denn das Brot kam dadurch auch nicht schneller an.

Nun sitzt im Knast er, traurig und geknickt,
kriegt täglich Wasser und auch Brot geschickt.
Doch die Frau, die er verliert,
hat das Brot nicht mal berührt.
(Es kam zurück, denn es war nicht korrekt frankiert.)

Tilmann Lucke (20), Berlin

Rohe Kräfte

Wo rohe Kräfte sich zerfressen,
ist die Geschichte flugs vergessen.
„Nie wieder Krieg" ist lange her,
das int'ressiert heut keinen mehr.
Inzwischen lässt sich variieren:
„Nie wieder einen Krieg *verlieren!*"

Wo rohe Kräfte sinnlos töten,
da ist ein zweiter Blick vonnöten.

Wenn beispielsweise ein Despot
die Menschen peinigt und bedroht,
sie tötet, foltert mit Getöse –
vorausgesetzt, der Mann ist böse,
und zwar aus westlich-guter Sicht –
ja, dann und *nur* dann darf er's nicht.
Ist es die NATO, die da tötet
im fremden Land und vorher betet,
hat alles seine Richtigkeit:
Erst wird getötet, dann befreit.
Und sollt' es jemandem nicht passen,
der kann sich ja versklaven lassen.

Wo rohe Kräfte nur zerstören,
ist Menschlichkeit nicht mehr zu hören.
Wenn einer „unsrer Jungs" in Zink
zurückkommt, weil er von uns ging,
so trauert unser Vaterland
noch wochenlang mit Hirn und Hand.
Bläst aber einen Flüchtlingstreck
die Splitterbombe rücklings weg –
es sterben hundert an der Zahl –
so nennt man das „kollateral",
weil eigentlich die Zivilisten
noch um Verzeihung bitten müssten:
Sie spielen Flucht und fliehn in Massen,
statt sich daheim befrein zu lassen,
und stehn auf diese Weise dreist
der Schusslinie im Wege meist.

Soll rohe Kraft was Gutes schenken,
so muss man handeln, statt zu denken.
Damit der finstere Tyrann
sein Volk nicht wahllos morden kann,
nimmt dies die NATO in die Hand
und stellt den Frieden an die Wand.
Wo rohe Kräfte sinnlos walten,
da bleibt kein Stein mehr auf dem alten.

Und wenn nach einer Bombennacht
der Qualm sich leis vom Acker macht,
kann man an der Ruine lesen:
Bin Neunundneunzig hier gewesen.
Bis bald! So viel von mir bis dato.
Viel Spaß beim Aufbau! Eure NATO."

Tilman Lucke (19), Berlin

Der nächste Krieg

Den Knopf gedrückt, Atome sind gespalten!
Wir wär'n verrückt, noch länger still zu halten!
Dam'raden, die mit uns im Geiste Knöpfe schalten,
wär'n vom geglückten Abwurf sehr entzückt.

Bakterien hoch, Labore aufgeschlossen!
Denn das geht doch viel schneller als geschossen.
Und werden Viren über Städten ausgegossen,
dann bleibt nur noch ein stark verseuchtes Loch.

Was scher'n uns Genf und Friedenskonventionen?
Wir schießen Senfgas in des Feindes Zonen.
Wenn wir die Stadt dann stürmen, um sie zu verschonen,
bemerkt man nur: von Menschen keine Spur.

Nach so 'nem Sieg, da braucht man Theologen;
Im nächsten Krieg gibt's nur noch Pfeil und Bogen.
Und alles nur, weil Demagogen uns betrogen
Und, statt Kritik zu üben, jeder schwieg.

Tilman Lucke (20), Berlin

Der nächste Krieg

Text: Tilman Lucke
Musik: Gerda Herrmann © 2005

A Den Knopf gedrückt, Atome sind gespalten! Wir wär'n verrückt, noch
B Bak-te-ri-en hoch, Labore sind aufgeschlossen! Denn das geht doch viel
C Was scher'n uns Genf und Friedenskonventionen? Wir schieben Senfgas
D Nach so'nem Sieg, da braucht man Theologen; im nächsten Krieg gibt's

Weltverbesserer

Das Mädchen mit den Zöpfen ging direkt auf den Herrn im Anzug zu. „Warum hast du denn deinen Kaugummi auf den Boden gespuckt", fragte sie ihn. Er starrte sie an und wusste so direkt nichts zu erwidern. „Willst du denn, dass die Vögel daran ersticken oder andere Leute in den Kaugummi treten?", bohrte sie weiter. Er blickte verlegen zur Seite. Wo waren nur die Eltern oder sonstige Verantwortliche dieser Göre? Und was fiel ihr überhaupt ein, ihn zu duzen? Jetzt musste er etwas sagen. Doch was? „Wenn man erwachsen ist, mein Kind, dann darf man das. Die Vögel und die Leute müssen eben aufpassen." Sie überlegte kurz. „Denkst du das wirklich?" Er legte sich bereits eine weitere kluge Antwort zurecht, doch dann piepste sein Handy. Oh, der Geschäftstermin. Sie war daran schuld, dass er völlig die Zeit vergessen hatte. Alles nur wegen des dummen Kaugummis. Eigentlich hätte er ihn ja durchaus in den Mülleimer werfen können. Auf dem Weg ins Bürogebäude wären ja noch mindestens zwei oder drei gewesen. Tja. Das Mädchen war plötzlich wieder verschwunden, und er machte sich auf den Weg zur Arbeit. Was erlaubte die sich eigentlich? – Oder hat sie doch Recht? Vielleicht stirbt jetzt ja wirklich meinetwegen ein Vogel, oder eine alte Frau tritt in den Kaugummi, schoss ihm durch den Kopf. Und wenn er nun noch einmal zurückginge? Dann käme er zu spät zu seinem Geschäftstermin. Aber die Vögel? Und die alten Leute? Von beiden wimmelte es ja nur so im Park ... Widerwillig drehte er sich um. Nun musste er sich aber beeilen, sonst würde es großen Ärger mit dem Chef geben! Wo war er denn vorhin gestanden? Ah, ja, er erkannte es wieder. Und welch ein Glück! Der Kaugummi klebte noch am Boden! Lediglich ein paar Ameisen hatten sich bereits seiner angenommen. Ab damit in den Mülleimer. Er ekelte sich, aber es fühlte sich gut an, den Kaugummi entsorgt zu haben. Während er ins Büro hetzte, sah er sich als Weltverbesserer. Moment. Weltverbesserer? Nein. So etwas war er wohl früher gewesen. Als er noch keine Kaugummis auf die Straße spuckte, sondern wie das Mädchen andere Leute auf ihre Fehler hinwies. Als er noch kein Erwachsener war.

Christian Walter (15), Albert-Schweitzer-Gymnasium Neckarsulm

Projekte

Fortsetzungskrimi – gemeinsam geschrieben von der AG Kreatives Schreiben des Neuen Gymnasiums Stuttgart-Feuerbach

So schnell sie konnte, fuhr sie zur Bahnstation und schaffte es, sich gerade noch rechtzeitig in die überfüllte Bahn zu drücken. Was Michael zu ihr sagen würde, wenn sie ihm total abgehetzt und fertig mit den Nerven gegenüberstehen würde? Wahrscheinlich rieche ich nach Rauch und Alkohol, dachte sie, als sie am Theater ausstieg und angewidert zu dem Mann schaute, der rauchend hinter ihr aus der Bahn kam. So hatte es nicht sein sollen.

Heike Koch

Es waren nur noch wenige Schritte bis zum Majestic Theater, wo Michael auf sie warten würde. Plötzlich spürte sie einen heißen Atem in ihrem Nacken. Sie drehte sich um, doch es war nichts Verdächtiges zu erkennen. Als sie in Richtung Majestic Theater blickte, sah sie Michael bereits winken. Gerade als sie ihren Fuß auf die erste Treppe setzte, packte sie plötzlich ein starker Männerarm von hinten. Bevor Chloe wusste, wie ihr geschah, zog er sie hinter sich her zurück in die Menge. Noch einmal drehte sie sich um und sah, wie Michael mit entsetztem Blick auf der Treppe stand. Sie wollte schreien, doch irgendetwas hinderte sie daran. Sie konnte sich nicht erklären, was es war, aber auf jeden Fall war es stärker als sie. Vor ihr drängten sich die Menschen. New York, die Stadt, die niemals schläft. Sie wurde ihrem Ruf gerecht.

Carmen Isabel Schimmele

Chloe verlor völlig die Übersicht in diesem Gedränge und Geschiebe – typisch new-yorkisch –, doch den Männerarm, den verspürte sie deutlich. Klebrig waren seine Hände, groß und kräftig und es roch nach Schweiß. Ein ätzendes Gefühl. Jetzt sehnte sie sich nach dem Duft von Lavendelfeldern und Kräutern der Provence, die ihren romantischen Frankreichurlaub mit Michael vergangene Woche unvergesslich machten. Sie fühlte, wie der Drang nach diesem wohltuenden Geruch immer stärker wurde, unaufhörlich schien.

Natalie Mutschelknaus

Tausend, abertausend Fragen gingen ihr durch den Kopf. Durch das Chaos ihrer Gedanken verlor Chloe das Bewusstsein.
    Als sie wieder zu sich kam, war alles dunkel. Ihre Augen waren verbunden. Allmählich merkte sie auch, dass sie zusätzlich gefesselt und geknebelt war. Welch ein Malheur, dachte sie.
    Und dann kam jemand. Erst leise, dann immer lauter hörte sie Schritte, die von Stöckelschuhen ausgingen. Ihr wurde die Augenbinde abgenommen. Chloe stand nun einer recht hübschen Blondine gegenüber, deren Lippen förmlich rot brannten. Sie war nicht älter als 30 und recht gut gekleidet. Aus ihrer Handtasche holte sie einen Revolver heraus. Chloe erschrak und wollte schreien, doch das Tuch, das um ihren Mund gewickelt war, hinderte sie daran. Die Blondine richtete ihre Waffe auf Chloe.
    „Nun wirst du für alles, was du mir weggenommen hast, bezahlen!"
    Und die Schwarze Witwe drückte ab.

Lazaros Ilonidis

In der GENO-Akademie in Hohenheim konnten die Schüler im Oktober und Dezember 2006 bei abendlichen Veranstaltungen für Seminarteilnehmer Texte lesen. Herr OStD Birk fotografierte die Anzeigetafel im Foyer:

AO7 Assistentenschulung
A11 Fachtagung Personal
B04 Wohnbaufinanzierung
B02 Geldanlagen
Kundenbindung
B03 Geldanlagen Rentenwerte
B03 BankCOLLEG 2005
B14 Meine Rolle als Banker 6
B15 Verlagsgruppe Holtzbrinck
B37 Meine Rolle als Banker 5
C01 Depot- und Wertpapiergeschäft
C02 Zielorientiert führen
W01 Betriebsräteseminar Teil 2

In seiner AG Kreatives Schreiben entstanden bis zum nächsten Termin am 25. 10. 2006 nachstehende Text-Collagen:

Variatio 1

Banker gehen aufs Basiscolleg, die Assistentenschulung, legen viel Geld an, besuchen die Fachtagung fürs Personal und finanzieren Wohnbauten. Sie legen Wert auf Kundenbindung, auch mal mit ein oder zwei Gläschen Wein in den Steckfeldstuben, hören sich dabei Geschichten an und lassen es sich gut gehen.

Sie lagern Geld an für die spätere Rente, zeigen sich immer nett und freundlich und manchmal fängt ihr Satz an mit: „Meine Rolle als Banker ..."

Sie führen ihre Arbeit jeden Tag ordentlich und zielorientiert aus. Auf einem Betriebsseminar Teil 2 unterhält man sich über Verlagsgruppen und Herr Holtzbrinck erzählt etwas über die Depot- und Wertpapiergeschäfte.

So genießen sie ihr Leben und sind weiterhin jeden Tag nett und freundlich!

Variatio 2

Früh am Morgen schreite ich schon auf dem Geldanlagen Rentenweg durch gebrochene Kundenbindungen zur Wohnbaufinanzierung. Danach muss ich erst mein Depot- und Wertpapiergeschäft im Basiscolleg 2005 verrichten.
    Ich bin zielorientiert von der Rolle als Banker 5 + 6 im Betriebsräteseminar und auf der Fachtagung Personal anwesend.
    Spät am Abend werde ich verlagsgruppiert Holtzbrinck von der Assistentenschulung entlassen.
    Puuh! Jetzt auf zur literarischen Weinprobe!

Variatio 3

Assistentenfinanzierung
– zweifellos mit
Fachanlagen –
Führt zu Wohnschulung
Und Geldbindung
Aber wo sind bloß
Kundenpersonal und Wertrente?
Etwa im Basiscolleg 5002 ??

Meine Rolle als Holtzbrinck 4
Meine Rolle als Holtzbrinck 5
Meine Rolle als Holtzbrinck 6
Fortsetzung folgt…

Lassen wir das Papier im Geschäft und
Die Werte im Depot
Denn: So zielorientiert kann man
kein Betriebsräteseminar feiern
Bleiben Sie dran:
Teil 2 gibt's – vielleicht – nächste Woche!

Josina Herding, Glorianna Jagfeld (13) und AG Kreatives Schreiben des Dillmann-Gymnasiums Stuttgart

Für den traditionellen Adventsbasar des Neuen Gymnasiums Stuttgart-Feuerbach bereitete die AG Kreatives Schreiben eine Märchenpräsentation zu Hans Christian Andersen vor.

Vom Weihnachtsbrauch der Wichtel

Wie immer, wenn der erste Schnee gefallen war, wussten die Wichtel, dass es Zeit war, Zeit um das zu tun, was sie immer in der Weihnachtszeit machten. Sie halfen dem Weihnachtsmann aus Skandinavien die ganzen Geschenke einzupacken.

Nur einer der Wichtel saß nur in der Küche herum und aß heimlich die frisch gebackenen Plätzchen der anderen. Er war faul und half nie!

Als sie ihn einmal beim Plätzchenklauen erwischten, schimpften sie ihn aus und schickten ihn weg.

Der arme, kleine Wichtel musste sich ganz alleine den Weg durch den Wintersturm bahnen.

Verena Essinger (13), Neues Gymnasium Stuttgart-Feuerbach

Im Land der Elfen
Märchenanfang

Um Mitternacht, wenn alles ruhig erklingt und alle Menschen schlafen, der Mond so scheint wie nie zuvor und die Sterne leuchten, trauen sich die ersten Elfen aus ihrem Versteck.

Kleine Gestalten, kaum erkennbar, mit durchsichtigen Flügeln an ihren Rücken. Wenn dann auch die Kleinsten von ihnen soweit sind, fangen sie an zu singen. Wunderschöne und zarte Stimmen, kaum hörbar. Sie singen von Dingen, die uns unbekannt sind, aber trotzdem ist es ein Genuss ihnen zuzuhören.

Schlagartig wird das uns unbekannte Lied von einem lauten und rauen Schrei unterbrochen ...

Tülay Sise (14), Neues Gymnasium Stuttgart-Feuerbach

Graue Welt

Es ist ein grauer, verregneter Novembermorgen. Die Wolken liegen über der Stadt wie eine große, schwere Decke. Ich sitze im Klassenzimmer und sehe durch die beschlagenen Scheiben des Fensters. Die graue Welt draußen steht in einem unangenehmen Kontrast zu dem grellen Neonlicht im Zimmer, und während es draußen leise zu regnen beginnt, muss ich an die Nachrichten gestern Abend und die Schlagzeilen der Zeitung heute Morgen denken.

Kriege – Mord – Autounfälle – Atomkraftwerke – Globale Erwärmung – Flugzeugabstürze – Hungersnot – Kinderschänder – Krankheiten – Tod

Da reißt mich die Lehrerin aus meinen Gedanken. Sie fragt mich, ob ich die Hausaufgaben gemacht habe. Ich starre sie verständnislos an.

Melanie Bauer (14), Neues Gymnasium Stuttgart-Feuerbach

Märchenanfang

Vor langer, langer Zeit ging ein Jäger zum Jagen in den Wald. Es war tief im Winter und der Schnee fiel ruhig und gleichmäßig. Er war schon vor einiger Zeit losgegangen, und so langsam wurde er müde und es war ihm sehr kalt. Der Schnee fiel immer stärker vom Himmel und nahm ihm die Sicht, und so entschied er sich, eine Rast einzulegen. Nach kurzer Zeit stieß er auf einen Felsvorsprung, unter den er sich stellen wollte, bis der Schnee nachgelassen hatte. Doch kaum stand er unter dem Felsen, hörte er einen wundervollen Gesang. Er vergaß seine Jagd und warum er in den Wald gegangen war, er stand still und lauschte. Da bemerkte er einen schmalen Spalt im Felsen, aus dem der Gesang zu kommen schien, und als er sich hineinzwängte, fand er sich in einem engen Gang wieder ...

Wollt Ihr weitererzählen?

Melanie Bauer (14), Neues Gymnasium Stuttgart-Feuerbach

Mitglieder der Kurse im Dillmann-Gymnasium Stuttgart und im Neuen Gymnasium Stuttgart-Feuerbach konnten am 5.5.2006 im Literaturarchiv in Marbach an einem Workshop mit der Schriftstellerin Sibylla Lewitscharoff teilnehmen. Thema war: Beschreibung einer Landschaft als Einstieg in einen Krimi, eine Biographie oder zu Umweltfragen.

Tatort

Es war später Nachmittag, als er wieder einmal aus dem einzigen Fenster seiner einsamen Hütte schaute. Was er sah, überraschte ihn nicht. Es war immer dasselbe Bild: Eine weite, grüne Wiese überzog die braune Erde. Irgendwo am Horizont traf diese Wiese den grauen Himmel. Es war still. Noch nicht einmal ein kleines Lüftchen kam auf, um die Spannung, die in der Luft lag, zu lösen. Die Luft stand so still, dass man sie beinahe wie Klarsichtfolie hätte abziehen können. Vielleicht würde ein Gewitter aufkommen. Allerdings würde es bestimmt gleich wieder verschwinden, dachte er, denn der einzige Baum weit und breit wurde schon vor Jahren vom Blitz getroffen. Er sah sich den Baum an. Er kannte ihn schon ewig. Der Baum war in der Mitte geteilt, er war schwarz und verkohlt, er war tot. Seine langen, einst so kräftigen Wurzeln gruben sich in die Erde. Es schien, als ob sie in Todesangst erstarrt wären. Um sie herum wuchs kein Gras mehr.

Inzwischen dämmerte es, der Himmel wurde violett und das immergraue Grau verschwand. Auch das saftige Grün der Wiese wich dem Schwarz der kommenden Nacht. Alles unterwarf sich der Dunkelheit. Der Baum nicht. Er schien größer und noch schwärzer zu werden, er schien in den tiefschwarzen Himmel zu wachsen, sich mit ihm verbinden zu wollen. Seine Wurzeln krampften sich zusammen, die toten Äste reckten sich nach dem schwarzen Nichts. Es war stockdunkel.

Und noch immer stand er am Fenster. Er schauderte beim Anblick des Baumes, aber trotzdem blieb er gebannt stehen und sah dem toten Baum beim Wachsen zu.

Bettina Brinkmann (17), Neues Gymnasium Stuttgart-Feuerbach

Die unbedeutende Rolle des Homo sapiens sapiens in der Natur

Er lobte sich, endlich die Muße gefunden zu haben, einen Spaziergang zu unternehmen. Als Umgebung wählte er sich die schwäbische Alb, um so sein Sehnen nach Luft und Freiheit in diesem schwülen Vorsommermonat zu stillen.

Lange war er nun schon unterwegs – als Städter mit permanentem Stress hatte er sein Gefühl für Zeit verloren –, da erblickte er am Horizont des kaum bewölkten Himmels ein dickes, dunkles Etwas, ein Wölkchen, das mit seinem Dunkelblau die klare Farbe des Himmels verschmierte. Aber der Städter dachte sich nichts weiter dabei.

Doch so dunkel wie seine Farbe war auch der Auftrag des Wölkchens. Es pfiff hin und wieder durch die Zähne – der Spaziergänger ärgerte sich über den aufkommenden Wind – und auf den Ruf folgten die großen Freunde. Eine Wolke nach der anderen, jede schwärzer und gehässiger als die vorherige, zog heran. Der Sturmwind blies dem Städter kaum die geraubten Blätter ins Gesicht, als die Wolken das gesamte Gestirnezelt bedeckten.

Der Spaziergänger ahnte nun, was ihm bevorstand, war aber ohne jedes Hilfsmittel und technische Errungenschaft seiner Zivilisation dem Wettergott schutzlos ausgeliefert. Voller Vorfreude rieb die Gottheit sich die riesigen Hände aneinander, legte sich das Kissen auf seinem Thron zurecht, der sich hoch oberhalb der Wolkenschicht befand, schwang sich darauf und griff nach einer Tüte Popcorn. Er hatte sein mächtiges Heer zusammengeführt und schickte es nun in den Kampf. Das würde ein Spektakel werden!

Jammernd rannte der unterlegene Mensch querfeldein über einen Hügel in der irrsinnigen Hoffnung, einen Unterschlupf zu finden – da fing es auch schon an: Das bösartige Wolkenheer ließ vereinzelte, dicke Tropfen auf den Boden fallen, der auch der Boden war, auf dem der flüchtende Spaziergänger nun einen kleinen, überschaubaren Friedhof fand. In dessen Mitte stand ein altarähnliches Monument, unter dessen Querbalken er genug Schutz zu finden hoffte.

Mehr und mehr Tropfen klatschten auf die Erde, ritten mit dem Wind und musizierten, als überfielen sie ein Lager von Trommeln. Das spürte nun auch der Städter, der sich daraufhin enger an den kalten Stein schmiegte. Da fuhr das Wolkenheer stärkere Geschütze auf: Die Tropfen verlängerten sich zu Tropfenstriemen und hackten und peitschten auf die Erde ein.

Riesige Pfützen bildeten sich und luden den Schlamm zum Verweilen ein. Auf dem Querbalken klebte Moos und krabbelten undefinierbare Insekten, die ebenso Schutz vor dem Unwetter suchten. Den Spaziergänger schüttelte es vor Ekel, während viele Kilometer über ihm der unerbittliche Wettergott laut lachend in die Hände klatschte.

Auf des Heerführers Kommando fielen die Regenstreifen so dicht, dass man sie nicht mehr voneinander unterscheiden konnte. Der gesamte Himmel schien ein einziger Wasserfall zu sein. Die Wolken amüsierten sich prächtig: Welcher Wasserstrahl würde dem bibbernden Städter am nächsten kommen? Welcher würde mit solcher Wucht vor ihm aufkommen, dass sein Gesicht wasserbesprenkelt wäre? Um die Wette regneten sie und trieben Wind hustend, Blitze speiend und Donner grollend ihr Unwesen.

Der Wettergott grölte vor Begeisterung. Es war ein so furchtbar markerschütternder Sturm, dass er einen eigenen Eintrag ins Lexikon zu verdienen schien. Ein Feuerwerk des Wassers ergoss sich über das Land.

Der Leidtragende des Wettbewerbs unter den Wolken, der Städter, zog den durchnässten Ärmel seines linken Arms hoch und schielte auf seine Designer-Armbanduhr, die mittlerweile auch einen Schleier aus Tropfen besaß. Er fluchte. Würde denn dieser vermaledeite Regen nie aufhören? Kaum hatte er das gedacht, traf der Blitz den Grabstein, der nur zwei Meter vor ihm aufgestellt worden war. Die Insekten, die mit dem Menschen ihren Unterschlupf teilten, hoben ihre Fühler und erschauderten. Mit einem dumpfen Krachen fiel der getroffene Marmorblock um und landete direkt in einer großen Pfütze. Das Wasser und der Schlamm stoben empört in alle Richtungen. Schnell wandte der Städter sein Gesicht weg, aber es war zu spät: Eine Ladung flüssig gewordener Erde bedeckte sein Gesicht. Er schmeckte den nassen Lehm auf seinen Lippen.

Daraufhin fuhr er sich bibbernd mit dem Ärmel über sein Gesicht, beachtete den Dreck, der jetzt auf seiner Jacke triumphierte, nicht und kauerte sich enger unter dem Querbalken zusammen. Seine durchweichte Kleidung ließ ihn frieren. Er resignierte. Das war also unter einer Naturgewalt zu verstehen. Hoch über ihm huschte ein diabolisches Grinsen über das Gesicht des Wettergottes.

Als der Regen endlich nachließ und Blitz und Donner verschwanden, war der große Zeiger der teuren Armbanduhr schon um zwei rechte Winkel weitergewandert. Den Spaziergänger wunderte es, dass die Uhr überhaupt noch lief. War sie denn wasserdicht? Er wusste es nicht mehr.

Allmählich rief der Feldherr sein Wolkenheer zurück, sodass immer weniger Wassertropfen auf die Erde klatschten. Lediglich ein leichtes Nieseln blieb zurück. Ebenso beruhigte sich der Wind.

Die Ameisen nahmen die Reparaturen ihrer vom Sturm zerstörten Infrastruktur sofort auf. Der Städter, der immer noch mit dem Rücken am überdachten Steinaltar lehnte, lächelte. Erleichtert atmete er tief aus.

Nach und nach verzogen sich die düsteren, großen Wolken und gaben den Blick auf den einladenden, hellblauen Himmel frei. Der Städter kroch unter dem Querbalken hervor, klopfte den gröbsten Dreck von seiner Kleidung, wrang sie aus und streckte sich. Das Gewitter hatte ihn zwar völlig überrascht und anfänglich war es ihm sehr unangenehm gewesen, aber jetzt fühlte er sich auf seltsame Art und Weise erholt, ja fast wie neu geboren. Voller Elan verließ er den Friedhof, um seinen Spaziergang wieder aufzunehmen.

Weit über seinem Kopf schnarchte der Wettergott auf seinem Thron. Nach den Anstrengungen, die der Kampf mit sich gebracht hatte, war er mal wieder unerwartet eingeschlafen. Die Popcorntüte war umgefallen und verteilte ihren Inhalt so auf dem ganzen Boden rings um die Gottheit. Die letzte Wolke, die noch am Himmel zu sehen war, war ein bekanntes, fieses Wölkchen. Es nutzte die Gelegenheit, die sich angesichts des schlafenden Chefs bot: Am Horizont, kurz bevor es sich allen Blicken entziehen würde, schaute es noch einmal auf den Spaziergänger zurück.

Das Wölkchen strengte all seine geheimen Kräfte mühevoll an, dann grinste es und verschwand. Der Zeiger in der Designeruhr blieb stehen.

Simone Wieland (18), Neues Gymnasium Stuttgart-Feuerbach

Regen

Sie atmete aus, mit jener Erleichterung, wie sie Menschen ihrer Art, dem Einsiedlerstolz mit jeder physischen und psychischen Faser gänzlich verfallen, eigen ist. Sie hatte die künstlich aufgesetzten Wege, die zwecks Förderung der Bequemlichkeit und künstlichen Distanzwahrung zwischen Mensch und wahrem Wald angelegt wurden, verlassen. Den kleinen, unscheinbaren Trampelpfad, der von Zelluloseträgern verschleiert war, hatte sie zufällig entdeckt und sie hatte sich über diese Entdeckung mit einer solchen unerklärlichen Intensität gefreut, dass sie selbst ein wenig erschrak und sich nach innerer Ordnung bemühend rügte. Kein Mensch war ihr auf ihrer Flucht nach Einsamkeit begegnet. Sie fühlte sich frei, ein Gefühl, zusammengesetzt aus jener einmaligen Farbschattierung, Form und Größe, wie es nur ihrer ungewöhnlichen Eigenart entspringen konnte.

Die Luft spannte. Jeder Baum, jeder noch so kleine Käfer und der Grashalm, der ihn eventuell barg, schien ahnend den Atem anzuhalten. Die Aura des Waldes wartete, sich ihres anmutigen Geheimnisvollseins bewusst. Wie ein Samenkorn aufbricht und das neue Leben in sich freigibt, dieses Durchbrechen der Hülle, ähnlich einer Eierschale das Küken opfernd, einen solchen Bruchteil eines Augenblickes dauerte es, bis der Himmel aufriss und das essenzielle Nass die Luft zerschnitt, sich der Schwerkraft bedienend zur Erde stürzte. Ihr war, als spürte sie, wie sich der Waldboden, auf dem sie für dieses Ereignis intuitiv Platz genommen hatte, sich den Tropfen entgegenstreckte, und das Wirrwarr von Gras und Pflanzenwuchs vor ihr mit letzter Kraft seine Hälmchen lechzend aufrichtete und nach Leben schrie, erinnernd an Liebende, die ineinandertauchen und zu ertrinken drohen.

Helga Kiefer (18), Neues Gymnasium Stuttgart-Feuerbach

Projekt „Kleine AG Krea" Sommer 2006. Schüler der Klassen 5 und 6 des Neuen Gymnasiums Stuttgart-Feuerbach schreiben mit Marlena Plichta (Mitglied der „Großen" AG Krea).

Gräser

Sind grün und weit,
haben Blumen
nach etwas längerer Zeit

Hülya Turgut (11), Neues Gymnasium Stuttgart-Feuerbach

Nebel

Falschrum gelesen
Ergibt Leben beides
Ist schön, ein Wunder
Toll

Hülya Turgut (11), Neues Gymnasium Stuttgart-Feuerbach

Mädels

Nüchtern gesehen sind sie wunderschön
Männlich gesehen sind sie nicht zu verstehen
Juristisch gesehen sind sie keine Gefahr
Mathematisch gesehen unberechenbar
Doch Mädchen sind irgendwie immer
Noch ein bisschen schlimmer

Jennifer Wrona (11), Neues Gymnasium Stuttgart-Feuerbach

Frühling

Wenn der Frühling kommt
Kommen die Gefühle
Und das Herz schwebt
Über den Wolken
Doch ich fühl mich schlecht
Und ich weiß warum
Weil der Schnee taut
Der Schneemann die Miene verzieht
Fröhlich wird traurig
Traurig wird fröhlich
Egal, jeder hat die Wahl
Ob Sommer oder Winter
Ob Herbst oder Frühling
Jeder hat die Qual der Wahl
Doch mein Favorit ist der Frühling
Nicht zu wenig Regen
Nicht zu viel
Blumen erwachen aus ihrem Schlaf
Und ich freu mich schon drauf!

Irena Zekeli (12), Neues Gymnasium Stuttgart-Feuerbach

Engel

Mit sanften Flügeln fliegen sie durch die Luft.
Ihre Flügel sind das Symbol,
Engel ohne Flügel kommen auf die Erde,
damit sie sich ihre Flügel verdienen.
Die Federn der Engel sind in den Vögeln dieser Welt.

Irena Zekeli (12), Neues Gymnasium Stuttgart-Feuerbach

Schattenseiten

Dunkelheit und Schatten
Es überflutet mich wie eine Welle den Strand
Dunkelheit und Schatten
Etwas Unbeschreibliches wie der Himmel
Dunkelheit und Schatten
Wie ein längst verlorener Kampf
Dunkelheit und Schatten
Doch da ...
Keine Dunkelheit, kein Schatten
Sonnenlicht und Helligkeit
Eine Unbeschreiblichkeit
Wunderschön

Jennifer Wrona (11), Neues Gymnasium Stuttgart-Feuerbach

Besserwisser

1. Person: Ich weiß nichts.
2. Person: Ich weiß auch nichts.
1. Person: Ich schon gar nicht.
3. Person: Ich weiß alles.
1. Person. Ich weiß mehr.
2. Person: Ich weiß am meisten.
3. Person: Haltet eure Klappe.
1. Person: Ich halte meine Klappe am meisten.
2. Person: Nein, ich.
3. Person: Ihr Idioten.
1. Person: Ich bin ein Idiot.
2. Person: Ich noch mehr.
3. Person: Das stimmt.

Mara Mauch (11), Neues Gymnasium Stuttgart-Feuerbach

Geisterstunde

Es war einmal ein Schloss, das mitten auf einem Berg stand. Dieses Schloss war klein im Gegensatz zu dem Berg. Auf dem Berg waren sehr viele Bäume. Der Himmel hatte eine wirklich sehr schöne Farbe. Im Schloss gab es Geister und Ratten. Sie jagten jedem solche Angst ein, dass jeder, der dort hinging, es keine Nacht ohne zu schreien aushielt und gleich am nächsten Tag wieder fortging. Die Geister spukten immer.

Ich habe mich einmal getraut und bin ins Schloss gegangen. Aber dann kamen die Ratten, ich mag keine Ratten, deshalb bin ich wieder herausgerannt. Aber ich bin wieder reingegangen, weil ich die Geister sehen wollte. Als ich geschrien habe, haben die Geister auch geschrien.

Irgendwie haben wir uns angefreundet. Wir lebten bis zu unserem Lebensende zusammen in dem Schloss.

Selin Ugurlu (11), Neues Gymnasium Stuttgart-Feuerbach

Beeinflussung des Glücks

Lernen, lernen, lernen, lernen
Kommen die guten Noten ins Zeugnis
Ins Zeugnis kommen die guten Noten,
wenn man lernt

Schlafen, schlafen, schlafen, schlafen
Kommen die schlechten Noten ins Zeugnis
Ins Zeugnis kommen die schlechten Noten,
wenn man schläft

Sidar Ugurlu (11), Neues Gymnasium Stuttgart-Feuerbach

AG Kreatives Schreiben, Dillmann-Gymnasium Stuttgart

Like a Rolling Stone

Wochenlang hatte es nicht mehr geregnet. Die Steppe war trocken wie Zunder, als sich am Horizont ein Gewitter anbahnte. Und während das Gewitter über die Erde hinwegflog, bestieg der kleine Stein den moosbedeckten Hügel. Der Regen peitschte dem kleinen Stein ins Gesicht. Plötzlich vernahm er einen Laut. Ein ungewöhnlich lautes Krachen zerfetzte die Luft. Der kleine Stein rutschte erschreckt davon ab und begann zu straucheln.

Es sah schon fast so aus, als würde er den Kampf gegen die Gezeiten verlieren, da schöpfte er neue Kraft und mit einem kräftigen Schub hatte er den Mooshügel erreicht. Jedoch kaum war er oben, stürzte unter ihm der Boden ein und er mit ihm. Er fiel in die gähnende Leere.

Als es um ihn ruhig wurde, bemerkte er, dass er in einen Fluss gefallen war. Über ihm sah er den Schaum und die mächtigen Ströme über ihn hinwegrasen. Fische starrten ihn an, als ob er von einem anderen Planeten gekommen wäre. Eine Schnecke kroch ihn nicht beachtend über ihn weg und gähnte dabei auch noch herzhaft. Er fühlte sich einsam und verlassen, wo er doch keinen anderen Kiesel kannte und nicht einmal wusste, wie er je zurück in seine Heimat gelangen konnte. Doch auf einmal meinte er, eine bekannte Stimme zu vernehmen.

Es war sein Freund, der rief: „Hier, hier bin ich doch!" Doch der kleine Stein konnte ihn nicht sehen. Alle Fische starrten ihn weiterhin an. Er wollte sich an einem Grashalm festhalten, doch die Strömung riss ihn mit. Gnadenlos trieb sie ihn flussabwärts, nirgends war etwas, woran er sich hätte festhalten können.

Plötzlich wurde es heiß. Der kleine Stein erreichte die Wasseroberfläche und wurde sofort von einer Feuerwelle überrannt. Ein Vulkan war ausgebrochen. Während der kleine Stein langsam kleiner und schließlich eins mit der Lava wurde, wünschte er sich, nie auf einen Hügel gestiegen zu sein.

Das Theaterstück „Lysistrate & Co." wurde von der Theater-AG des Dillmann-Gymnasiums Stuttgart im Schuljahr 2005/2006 entwickelt und aufgeführt.

Die Handlung basiert auf dem Stück „Lysistrate" von Aristophanes, in dem es den Athenerinnen durch eine List gelingt, den Krieg zwischen Athen und Sparta zu beenden. Die Originalhandlung wurde um eine zweite Handlungsebene erweitert, auf der Themen des antiken Stückes (die Stellung der Frau in der Gesellschaft, die Macht des Eros und die Ursachen des Krieges) von Frauenfiguren aus verschiedenen Jahrhunderten reflektiert werden. Mit einer dieser Szenen beginnt das Stück. Die folgende Szene (Die Athener im Feld) wurde als Zusatzszene in die antike Handlung eingefügt und stammt aus der Feder von Daniel Schönig (Abitur 2006).

Lysistrate & Co.

Vorspiel (über die Ursachen des Krieges)
Eva, Janis Joplin, Alice Schwarzer, Marlene Dietrich, Barbie, Bridget Bishop, Sisi

(*Szene spielt auf der Vorbühne vor dem geschlossenen Vorhang. Szenerie einer Bibliothek. Die Frauen sind mit Lektüre beschäftigt.*)
Eva (*liest in der Bibel*): Und Kain erschlug seinen Bruder Abel.
Janis: Was liest du da?
Eva: Unsere Familienchronik – und mach mir Vorwürfe. Weißt du, als Mutter macht man sich immer Vorwürfe. Wie konnte es so weit kommen? Haben wir was in der Erziehung falsch gemacht? Sicherlich, unsere Kinder sind nicht in der besten Gegend aufgewachsen, aber wir mussten ja raus.
Janis: Raus?
Eva: Aus dem Paradies. – Und jetzt heißt es, damit hat der ganze Schlamassel angefangen. Der Bruder erschlägt den Bruder, so sei die Gewalt in die Welt gekommen.

Alice (*tritt hinzu*): Gerede. Das sind doch nur mythologische Erklärungen des scheinbar Unerklärlichen. Die Tendenz zur Gewalt ist im Menschen angelegt. Aggression ist einer unserer Grundtriebe. Wenn ich auch sonst nicht viel von Sigmund Freud halte, in diesem Punkt hat er wohl Recht gehabt.
Eva: Aggression, ja. Aber erklärt das einen Mord oder gar Krieg?
Alice: Um den Krieg zu erklären, musst du dir anschauen, wer die Kriege führt, Schätzchen.
Eva: Wie meinst du das?
Alice: Ich meine, dass die Aggression zwar in uns allen steckt, aber zum Problem wird sie doch erst durch die Männer.
Marlene (*wendet sich zu den anderen und singt*): „Männer umschwirr'n mich, wie Motten das Licht …". Meine Damen, wenn sie etwas über die Männer und den Krieg erfahren möchten, dann fragen sie mich.
Janis: Schau an, Marlene referiert mal wieder über ihr Lieblingsthema: die Männer
Eva: Setz dich.
Marlene (*setzt sich zu den beiden*): Ladies, ich hab 'ne Menge von den jungen Kerls an der Front erlebt und ich hab für sie gesungen. Und dabei hab ich in ihre Augen geschaut.
Janis: Und?
Marlene: Also eins könnt ihr mir glauben, an Krieg haben die nicht gedacht in diesen Momenten.
Alice: Woran die gedacht haben, das kann ich mir lebhaft vorstellen.
Marlene: Mich hat das nicht gestört und den Jungs hat's geholfen durchzuhalten. Seht's mal so: Vielleicht hab ich ja durch meine Betreuung der Truppe zu einem schnelleren Ende des Krieges beigetragen.
Janis: Du meinst, weil die Kerls scharf auf dich waren, haben die Richtigen gewonnen?
Marlene: Jeder leistet eben seinen Beitrag zum Frieden.
Janis (*springt auf*): Das nennst du einen Beitrag zum Frieden? Wir sind wenigstens auf die Straße gegangen, wir haben für den Frieden demonstriert. Und eins kannst du mir glauben, Mann, die Bullen sind nicht gerade zimperlich mit uns umgangen. Hey, da hast du ganz schnell mal eine Nacht hinter Gittern verbracht.

Marlene: Vergiss nicht, dass ich an der Front gewesen bin. Während ich „Good bye Johnny" gesungen habe, hab ich von weitem den Kanonendonner gehört.
Janis (*gestisch unterstreichend*): Und hast dazu mit dem Hintern gewackelt.
Eva: Schwestern! Bitte! Keinen Streit. (*Überlegt*) Was ich aber immer noch nicht versteh, ist, warum Gott das überhaupt zulässt, die ganze Gewalt – und dann womöglich noch in seinem Namen.
Barbie (*wendet sich zu den anderen*): Vielleicht gibt's ihn ja gar nicht, deinen Gott – alles nur Einbildung.
Eva: Oh, dafür war unser Rauswurf aber ziemlich real.
Marlene: Und vielleicht war's ja sogar ganz gut, dass wir rausgeflogen sind. Ich mein, brave Mädchen kommen vielleicht in den Himmel, aber sie verpassen möglicherweise auch einiges. Manchmal macht ja gerade das Verbotene am meisten Spaß.
Bridget (*kommt zu den anderen*): Da bin ich ganz deiner Meinung, Marlene. Ja, das Verbotene hat seine Macht über uns und es war schon immer da – das Böse. Es liegt allein an uns, ob wir davon Gebrauch machen.
Sisi (*sich zu den anderen wendend*): Dafür müssen wir die Suppe dann aber auch selber auslöffeln.
Marlene: Tja, das ist wohl das, was man Freiheit des Willens nennt, Sisi – und auf die wird ja wohl keine von uns verzichten wollen.
Eva: Also sind wir es, die sich für den Krieg entscheiden? Ich mein, wir müssten es doch besser wissen, nach all der Zeit.
Alice: Wir wissen es ja auch besser – das Problem sind, wie gesagt, die Männer.
Marlene: Als ob's keine Frauen gegeben hat, die Kriege befohlen haben.
Alice: Selten.
Marlene: Klar, weil sie keine Gelegenheit dazu hatten.
Alice: Mag sein. Aber kennt ihr auch nur eine Frau, die auf die Idee kommen würde, ein Buch über die Kunst der Kriegsführung zu schreiben? (*Nimmt ein Buch aus einem Regal und liest.*) Hier zum Beispiel: „Der Krieg ist nichts als eine Fortsetzung des politischen Verkehrs mit Einmischung anderer Mittel".
Janis: Wohl eher eine Fortsetzung der Mittellosigkeit. Und dann schon dieses Wort: Kriegskunst.

Barbie (*kommt näher*): Als ob das eine Kunst ist. (*Präsentiert ihre Stöckelschuhe.*) Eine Kunst ist es, mit diesen Schuhen eine Treppe hinunterzulaufen, ohne sich die Beine zu brechen. (*Alle lachen.*)
Janis: Danke für diesen überhaus erhellenden Beitrag zum Thema, Barbie.
Bridget: Aber sagt man nicht auch, dass der Krieg ein Handwerk ist? Und ist es nicht so, dass jedes Handwerk zur Kunst wird, wenn man es zur Perfektion bringt? Also müsste es auch eine Kunst der Kriegsführung geben.
Janis: Also ich glaub nicht, dass das Kunst ist, wenn ich die Zerstörung perfektioniere, Bridget. – Nein, der Krieg ist wirklich keine Kunst. Aber vielleicht ist es ja die Kunst, die einen Feldzug gegen den Krieg führen muss.
Marlene: Wie meinst du das?
Janis: Kritische Schriften, Protestlieder. Hier: Dieses müsstet ihr eigentlich kennen. (*Pfeift „Where have all the flowers gone". Alle singen.*) Sag wo die Soldaten sind. Wo sind sie geblieben? Sag wo die Soldaten sind. Was ist geschehn? Sag wo die Soldaten sind ...
Janis: Versteht ihr? Musik, Literatur ...
Sisi: Also ich les ja für mein Leben gern. Und „Krieg und Frieden" ist eins meiner Lieblingsbücher.
Janis: Na, das ist doch schon ein Anfang. Man muss die Menschen aufrütteln, durch Bücher, Musik und durch das Theater. – Ja, vor allem durch das Theater.
(*Licht aus. Vorbühne wird geräumt. Vorhang geht auf. Licht an.*)

Die Athener im Feld
Drakes, Kinesias, Chorführer. Später ein Ratsherr mit Soldaten.

(*Chorführer im Feldlager dösend an ein Fass gelehnt, Drakes und Kinesias treten auf, gerade von der Schlacht kommend.*)
Kinesias (*wild gestikulierend*): ... nichts als Luft traf sein Speer, als ich mich duckte, und hilflos musste er sodann mitansehen, wie ein einziger Streich ihn zu Boden brachte, doch ...
Drakes: Psst (*auf den Chorführer zeigend*), sieh doch!
(*Drakes und Kinesias lächeln, Kinesias schleicht auf den Chorführer zu und schlägt ihm auf die Schulter.*)

Kinesias: Gut scheint ihr geschlafen zu haben, Alter, während wir auszogen, dem Feind eine Lektion zu erteilen über den Kampfeswillen der Athener!
Chorführer: Jeder tut das seine, eine Schlacht will geplant sein und dafür braucht es Weisheit und nicht jugendlichen Überschwang.
Drakes: So ist wohl im Traum euch der mächtige Apoll erschienen und hat euch seinen Schlachtplan geflüstert! (*Drakes und Kinesias lachen.*)
Chorführer: Ein scharfer Geist muss ruhen, um wach zu sein zur rechten Zeit, so wie eure Muskeln ruhen müssen, um frisch zu sein am nächsten Tage. Nicht älter als ihr war ich, als ich zum ersten Mal auszog, die Spartaner das Fürchten zu lehren! Oft unterschätzt habe ich zu dieser Zeit einen sorgsam ausgefeilten Schlachtplan, wollte nur kämpfen, Mann gegen Mann! Doch zu schätzen lernt man mit der Zeit eine wohlgereifte Taktik!
Kinesias: Nun, um den Muskeln das Ruhen zu ermöglichen, ist ein gut gefüllter Bauch vonnöten! Komm Drakes, lass uns sehen, was das Lager hergibt!
Drakes: Ganz recht!
Kinesias: Wo ist denn nur der Pökelfisch?
Chorführer: Aus.
Drakes und Kinesias: Ihr Götter, wie grausam setzt ihr zu den treusten Kämpfern!
Chorführer: Ein wenig Gerstengries müsste noch zu finden sein in diesem Fass.
Kinesias: Da tut man sein Bestes, den Spartanern Einhalt zu gebieten, opfert sich auf, Athen seine Ehre zu erweisen und die Belohnung? Gerstengries!
Drakes: Wäre meine Frau jetzt hier, ihr stauntet über das Mahl, das sie euch zubereiten würde!
Kinesias: Wie du redest, Drakes! Deine Frau kocht sicherlich nicht schlecht, aber nicht zu vergleichen ist sie mit meinem Myrrhinchen! Ach, und wenn's nur das Essen wäre, was mir fehlt ... (*Drakes und Kinesias bekommen verklärte Gesichter.*)
Chorführer: Schluss mit der Träumerei! Ihr denkt nicht weit genug! Stellt euch doch das Feldlager vor, wären tatsächlich Weiber hier! Müde von der Schlacht kämt ihr zurück und schon stünde der nächste Überfall an. (*Eine Frauenstimme nachäffend*) „Wo bleibt ihr denn so

lange? Schon drei Späher hab ich ausgeschickt! Wie soll man denn da planen können!" Und damit nicht genug: Tag für Tag würden sie euch in den Ohren liegen, wann der Krieg endlich zu Ende sei! Nein, nein, so wie's ist, so ist's am besten: Der Krieg bleibt die Sache der Männer! (*Zustimmung der anderen, Kinesias und Drakes wenden sich dem Essen zu.*)
Drakes (*aufgeschreckt*): Kinesias, sieh! Nähert sich nicht der Ratsherr dort?
Kinesias: Bei Herakles, Recht hast du!
(*Sie legen eilig die Schalen beiseite, nehmen die Speere an sich und stehen stramm. Ratsherr tritt auf mit Soldaten als Begleitung.*)
Ratsherr: Ich grüße euch! Berichtet kurz, wie war die letzte Schlacht?
Drakes und Kinesias: Seid gegrüßt, edler Ratsherr! Schwer zugesetzt haben wir den Spartanern heut; wenn nicht gefallen, so sind gebückt sie vom Felde gekrochen!
Ratsherr (*gehetzt*): Das freut zu hören, so gehen wenigstens hier die Dinge ihren geregelten Gang!
Drakes: Was soll das heißen, wie steht es in Athen?
Kinesias: Und ... wie geht es unsern Frauen?
Ratsherr: Euren Frauen? – Ha! Das will ich euch gern berichten! Wild geworden sind sie alle – Athen gleicht einem Wespennest!
Kinesias (*aufgebracht*): Beim Zeus, was hör ich da? Wie kommen die Spartaner nach Athen, wo wir doch hier gegen sie kämpfen?
Ratsherr: Pah! Spartaner! Wenn's das nur wäre, Ahnungsloser! Nein, schlimmer noch – die eignen Weiber haben sich gegen uns verschworen!
Drakes: Wie das? Und sagt, aus welchem Grunde nur?
Ratsherr: Um das zu erfahren bin ich hier: Denn dazu brauch ich Truppen in Athen!
Drakes: Wozu Soldaten gegen Frauen? Wie kann das angehn, edler Ratsherr?
Ratsherr: Weil sie sich nicht mehr länger gebärden, wie es Frauen geziemt! Die Akropolis haben sie eingenommen, die heil'ge Burg, mitsamt dem Staatsschatz, verrammelt und verschlossen alle Tore! (*ungeduldig*) So ist jetzt auch kein Wort mehr zu verlieren. Den Augenblick noch brecht ihr auf und schließt euch an den andern Männern, die ich von hier abgezogen nach Athen! Und dort werden wir

dem ungeheuerlichen Aufstand schnellstens ein Ende bereiten und erfahren, welche Grille unsre Weiber zu solchem Unsinn hat verleitet. Eilt euch Männer! Marsch! (*Ratsherr eilt davon.*)
Kinesias: Edler Ratsherr, eine Bitte noch ...
Ratsherr (*wendet sich um, ungeduldig*): Sprich! (*Drakes versetzt Kinesias einen Stoß von der Seite.*)
Kinesias (*vorsichtig*): Es ist ein langer Marsch bis nach Athen. Und der Fisch ... ist aus ...
Ratsherr: Beim allmächtigen Zeus! Athen gleicht einem Tollhaus und ihr fragt nach Fisch?! Sind das die tapfern Männer, von deren Kriegsruhm man sich überall erzählt?! Auf nach Athen, den Augenblick, eh ich mich vergesse! (*Kinesias und Drakes salutieren übereifrig – Ratsherr mit Soldaten ab.*)

Der Aufstand, um den es in dieser Szene geht, wird von der Titelheldin dieser Komödie, Lysistrate, angeführt. Und tatsächlich gelingt es den Frauen mit ihren Waffen, die Männer zur Vernunft zu bringen. Auch wenn es ihnen selber schwer fällt, verweigern sie ihren Männern die körperliche Liebe und treffen sie damit an ihrer empfindlichsten Stelle. Während auf der zweiten Handlungsebene die Frauen über die Anziehung zwischen den Geschlechtern und die Stellung der Frau in der Gesellschaft philosophieren, machen die Athenerinnen Nägel mit Köpfen und führen den Friedensschluss mit den Spartanern herbei.

In der letzten Szene des Stückes vereinigen sich dann die beiden Handlungsebenen, indem die Hauptfigur des antiken Stückes zu den anderen Frauen auf die Vorbühne tritt. Die Frauenfiguren der zweiten Handlungsebene wurden zuvor alle vom Bundespräsidenten als Ministerinnen einer reinen Frauenregierung vereidigt. Nachdem der Bundespräsident das Feld für die Frauen geräumt hat, tritt Lysistrate an seiner Stelle ans Rednerpult und präsentiert sich als Vorkämpferin für Frauenrechte.

Nachspiel (Auszug)
(...)
Lysistrate (*zu den Frauen und zum Publikum*): Schwestern, was ich damals im alten Athen begonnen habe, das haben in folgenden Jahrhunderten viele mutige Frauen fortgeführt. Wir haben einen langen Weg hinter uns – und wir haben noch viel Arbeit vor uns.
(*Lysistrate stellt sich zu den anderen Frauen an den Bühnenrand. Ein Reporter tritt auf.*)
Reporter (*zum Publikum*): Meine Damen und Herren, dies ist ein historischer Augenblick. Zum ersten Mal in der Geschichte unseres Landes besteht die gesamte Regierung aus Frauen. Wie wird sich diese Tatsache auf das Leben in unserem Land auswirken? Ist dies der Beginn einer neuen Ära, einer friedlichen und gerechten Welt?
(*Licht aus.*)

Theater-AG des Dillmann-Gymnasiums

Kunstprojekt Buch

Frau StR Ulrike Gierß unterrichtet seit 9/2006 am Staufer-Gymnasium in Waiblingen. Mit dem Einverständnis von Herrn OStD Walz stellte sie nach Abschluss des Themas „Würfellandschaft und kubische Figur" den 35 SchülerInnen der Kunstprofilklasse 9 die Anthologien „Augen-Blicke", „Algebra unterm Regenbogen" und „Nichts desto trotz" vor und regte an, für das neue Buch „Sonnen- und andere Seiten" mit Wachsmalstiften auf braunem Papier passende Bilder für den Einband und für die Zwischentitel „Sonnen-Momente", „Halbschatten", „Nachtseiten", „Schattengestalten", „Blitz und Donner" und „Projekte" zu entwerfen. Die in zwei Doppelstunden entstandenen interessanten Werke machten die Wahl schwer. Wir danken den jungen KünstlerInnen herzlich, vor allem Mariella Laubengeiger, Philip Fritz, Laura Jäger, Kathrin Gutzeit, Laura Baisch, Philipp Schollenberger und Sabrina Guschlbauer.

Namen der Spender

Seit der Veröffentlichung in Band IV **„Nichts desto trotz"** haben auch die nachstehend aufgeführten Spender ermöglicht, dass wir nun Band V **„Sonnen- und andere Seiten"** herausgeben konnten:

Marianne Baur, Bietigheim-Bissingen
Brigitte und Ulrich Böhme, Stuttgart
Liesel und Helmut Boley, Leonberg
Dr. Jörg Brixner und Frau, Stuttgart
Hansgeorg Degen und Frau, Ludwigsburg
Ilse Frank, Stuttgart
Doris und Bruno Gaiser, Stuttgart
Dr. Winfried Gehlert und Frau, Ochsenfurt
GENO-Verband Stuttgart
Irmhild und Karsten Gierß, Fellbach
Marga und Edmund Götz, Bad Mergentheim
Rosemarie Hachenberger, Friedelsheim
Marianne Hage, Koblenz
Hannelore Herold, Sindelfingen
Martha Heyschmidt, Stuttgart
Gertrud Hieber, Stuttgart
Inge Hog, Stuttgart
Anneliese Horn, Stuttgart
Werner Ingold und Frau, Stuttgart
Dr. Erhard Jöst, Heilbronn
Werner Kliche und Frau, Göppingen
Uschi Knick, Stuttgart
Ewald Kreuzberger und Frau, Stuttgart
Günther Krist und Frau, Schwäbisch Hall
Hannelore und Erwin Lang, Stuttgart
Anita Laun, Waldenbuch
Margarete Laun, Stuttgart
Christa und Rolf Lörzer, Bad Dürrenberg
Dr. Peter Lucke und Frau, Bretzfeld
Gisela und Willy Mahl, Ditzingen
Manfred Martersteig und Frau, Leinfelden-Echterdingen
Margarete Mayer, Stuttgart

Waltraud Morlock, Hanau
Herbert Motschmann und Frau, Benningen
Dr. Deike Muth, Waldheim
Anne und Hermann Neher, Ludwigsburg
Christa Römer, Stuttgart
Dr. Sebastian und Friedl von Sauter, Seefeld
Renate und Ulrich Schill, Stuttgart
Anneliese Schur, Stuttgart
Dr. Peter und Gabriele Seifert, Dörnthal
Heinz Ständer und Frau, Burladingen
Ute und Bela Toth, Seifersbach
Horst Westhaus, Filderstadt
Dr. Berthold Weyreter und Frau, Ostfildern
Hannelore Zimmermann, Stuttgart

Wir danken allen Spendern sehr herzlich, auch denen, die bei Veranstaltungen einen Obolus ohne Namensnennung entrichtet haben.

Folgende Bücher sind noch erhältlich (sie eignen sich auch zum Verschenken):

„**Augen-Blicke**" zur Schutzgebühr von EUR 5,50

„**Algebra unterm Regenbogen**" zur Schutzgebühr von EUR 6,50

„**Nichts desto trotz**" zur Schutzgebühr von EUR 7,00

bei Postversand + EUR 1,50 für Porto und Verpackung

„**Wurzeln, Wege und Visionen**" ist vergriffen.

Noten können im DIN A 4-Format gegen eine Schutzgebühr von EUR 3,00 bei Gerda Herrmann, Vaihinger Landstr. 70, 70195 Stuttgart, Telefon 0711 - 69 45 27/Fax – 69 42 51 bestellt werden.

Inhaltsverzeichnis

Vorwort 3
Förderkreis-Visitenkarte 4
Laudatio 6
Sonnen-Momente 7
Halbschatten 45
Nachtseiten 103
Schattengestalten 127
Blitz und Donner 157
Projekte 175
- Fortsetzungskrimi Neues Gymnasium 176
- GENO-Akademie Banker-Lyrik 178
- Märchen Neues Gymnasium 180
- Workshop mit Sibylla Lewitscharoff im
  Literaturarchiv Marbach 182
- Lysistrate-Theaterprojekt 192
- Kunstprojekt Buch 199
Namen der Spender 200
Impressum 208

Albert-Schweitzer-Gymnasium Neckarsulm
Cacian, Bianca C. Der Abschied 89
Feil, Isabell Und noch dazu die blöde Sonne 91
Görtz, Lukas Wenn ich dich nicht hätte 43
Görtz, Magdalena Allein zu Hause 122
Görtz, Lukas und Magdalena Das Notizbuch 76
Hanselmann, Kim Weihnachtsstimmung 90
Köhler, Doreen Weihnachtsstimmung 114
Kreppein, Katharina/Lisa Schüfer Ein Blick zurück 26
Kreppein, Katharina/Nicole Schädel Climb into ... 128
Ntokalou, Eleni Ohnmacht? 121
    Wirre Gedanken 124
Schädel, Nicole siehe Kreppein
Schadt, Flavia Hunger 142
Schmitt, Tina Es gibt Tage 18
    Die Einkaufspassage 134
Schübel, Julia Sonne und Wolken 28

Schüfer, Lisa Nur wegen dir 10
siehe *Kreppein*
Varga, Nicole Und gestern schien die Sonne noch 72
Walter, Christian WM 2006 159
    Weltverbesserer 174
Wedmann, Dimitri Mein neues Zuhause 124

Andreae-Gymnasium Herrenberg
Csecselics, Thomas Veränderungen 144
Duymaz, Ercag Stumme Liebe 149
Eiben, Sara Die Großstadt (Haiku) 8
    Die Passion der Kartoffel 84
Günther, Anna Herrn Moiceks Traum 35
Honold, Dennis Rasend still 123
    BackStage 132

Eduard-Mörike-Gymnasium Neuenstadt am Kocher
Diehl, Olaf Trübes Wasser wäscht nicht gut 112
Fäßler, Simon Die Erkenntnis 135
Fath, Sarah Maria Das Menschsein 59
Gerhardt, Danica Die Schwarzseher 57
Kobiela, Olivia Unverwechselbar 60
    Problemzonen 130
    Faustdicke S(z)eiten 152
    Reaktionen auf den Anschlag ... 158
Miller, Andreas Auf nach Osten! 146
Palmer, Olga Mein Hund 18
    Der Sonne dankend 18
Sagner, Kira Liebe 63
    Frühling 110
Schumski, Irina Eine (Kata)Strophe 161

Elly-Heuss-Knapp-Gymnasium Heilbronn
Henze, Patrick Dunkler Regen 76
    Paradies 137

Dillmann-Gymnasium Stuttgart
AG Kreatives Schreiben Like a Rolling Stone 191
Armbruster, Anita Gefangen 85
Demel, Max Crescendo 78
   Dadaistisch 80
   Strukturen 108
   Ein Bett im Kornfeld 138
   Der Trabbi auf Westreise 144
   Lebst du noch oder wohnst du schon? 150
Haezeleer, Nathan Du bist es 10
   Heiraten macht Spaß 47
   Rêves 61
   Traumfabrik 117
   Wer? 128
Haro, Caroline Der Herr der Lüfte 14
   Pantoffeltierchen 108
Herding, Josina Herbstgeschichte 88
Jagfeld, Glorianna Das Leben – ein Traum? 19
   Die Enttäuschung 25
Kim, Hanna Coming out 66
   Into the light 105
   Do you really live? 111
Krogoll, Maike Weltmaschine 99
Reinert, Ursula Begegnung auf den Klippen 16
   Auf Wolkenbasis 21
Schönig, Daniel Zusatzszenen „Lysistrate" 192
Severin, Vincent Enzensberger – entführt 154
Steinbrenner, Silke Lange Schatten 44

Neues Gymnasium Stuttgart-Feuerbach
Anniés, Jeannette Leben im Ozean 25
   Wir? 84
   Gegangen? Geblieben? 116
Bauer, Melanie Graue Welt 181
   Märchenanfang 181
Brinkmann, Bettina Silber und Gold 23
   Eine Hasselei 69
   Tatort 182

Devona, Serena Die Klassenarbeit 58
   Wir 115
Dietzel, Carsten Kieselsteine 22
   Luxus 74
   Zeitfluss 117
Erat, Jens The Scream 113
   Überflogen 126
Essinger, Verena Märchen 180
Ilonidis, Lazaros Herbstpoesie 40
   Luxus 75
   Die Putzfrau 112
   Deine Liebe für immer 126
Kiefer, Helga La beauté d'hiver 40
   Die Schönheit des Winters 41
   Regen 186
Koch, Heike Das Land, in dem Frieden herrscht 20
   Morgen 43
   Will ich einmal, will ich immer 65
   Das Leben 68
   Wunder der Nacht 106
Krüger, Vanessa Liebeselfchen 47
Len, David Elfchen 24
   Das Grauen im Zauberwald 140
Mauch, Mara Besserwisser 189
Mutschelknaus, Natalie Mein geliebtes Spanien 35
   Frankreich – ein Land mit zwei Gesichtern 71
   Die dritte Welt 120
Olbrich, Franziska Wolken 21
   Wer bist du? 26
Plichta, Marlena Geologische Landschaft 39
   Sinn 69
Reich, Sandra Für dich 24
   Hymne an die Sonne 24
   Liebe in Vergessenheit 116
Schimmele, Carmen Isabel Eine Träne 68
   Ein Mann 125
   Die verrückte Nacht 140
Sise, Tülay Im Land der Elfen 180

Turgut, Hülya Gräser 187
   Nebel 187
Ugurlu, Selin Geisterstunde 190
Ugurlu, Sidar Beeinflussung des Glücks 190
Wieland, Simone Du bist 38
   Schwur des Hasses 65
   Warten auf ein Bewerbungsgespräch 73
   Capta sum – Gefangen 100
   Gesellschaftlicher Zeitgeist 131
   Kommentar zu den Xenien 160
   Die unbedeutende Rolle des Homo sapiens ... 183
Wolf, Christina Wirklich alles? 22
   Bunt 39
   Welch wunderbare Welt 42
Wrona, Jennifer Mädels 187
   Schattenseiten 189
Zekeli, Irena Frühling 188
   Engel 188

Gymnasium Friedrich II. Lorch
Plewniok, Katharina Hin- und hergerissen 92

Hohenstaufen-Gymnasium Göppingen
Fölker, Alexandra Pier oder die Erinnerung 80
Haidle, Lena Das Echo 106
Hentschel, Vivien Ein Tauchgang, zwei Freunde … 61
Silvester, Lisa Land anständiger Leute 119

Wirtemberg-Gymnasium Stuttgart-Untertürkheim
Böhme, Alisa Der Wolf und die sieben Geißlein 93
Böhme, Melina Aschenputtel 96

Stiftsgymnasium Sindelfingen
Motejadded, Asadeh Näher als je zuvor 15
   Meine perfekte Form 16
   Paranoia 70
   Nacht 104
   Older 156

Verschiedene AutorInnen

Muth, Anne Zu Weihnachten   90
(* 1998, Grundschule Waldheim/Sachsen, 3. Klasse)

Präger, Mira Glück   11
(*1986, Abitur 2005 am Albert-Schweitzer-Gymnasium Crailsheim. Studiert Betriebswirtschaftslehre an der Berufsakademie in Mosbach)

Winter, Theresa Sturm und Drang   28
    Noten   30
    Mysterium   46
    Festgefahren kontra Lebenswege   46
    Lebenswege   87
(*1986, studiert in Marburg im 3. Semester Humanmedizin. Ihre Gedichte entstanden mit 17, als sie noch auf dem Emil-Fischer-Gymnasium Euskirchen war.)

Lucke, Tilman Wie können Trennungskinder ...   162
    Kinderlied für Ursula   164
    Noten   166
    Der tote Bote   168
    Rohe Kräfte   169
    Der nächste Krieg   171
    Noten   172
(* 1984, studiert in Berlin Geschichte und Politik im 8. Semester, Kabarettist, Mitglied im Ensemble des „Berliner Brettl" seit 2005. Bisher zwei Soloprogramme: „Nebenbei bemerkelt" (2005) und „Jetzt wird durchregiert!" Gründungsmitglied des Förderkreises. Homepage: www.tilmanlucke.de)

Impressum

Herausgeber: FÖRDERKREIS KREATIVES SCHREIBEN
UND MUSIK e. V.
Vorsitzende: Gerda Herrmann, Vaihinger Landstr. 70, 70195 Stuttgart
Telefon 0711 – 69 45 27, Telefax 0711 – 69 42 51
e-mail: KarlGerda.Herrmann@vaderme.de
Spendenkonto Nr. 654 254 028 bei der Südwestbank AG Stuttgart
Bankleitzahl **600 907 00.**

Im Rahmen des Programms zur Förderung besonders befähigter Schüler gibt es **Kurse „Kreatives Schreiben"** am
- **Albert-Schweitzer-Gymnasium in Neckarsulm** bei
  Herrn OStR Dr. Peter Lucke
- **Andreae-Gymnasium Herrenberg** bei Frau Dr. Elke Bleier-Staudt, neue Schulleiterin am Kepler-Gymnasium Tübingen
- **Dillmann-Gymnasium Stuttgart** bei Herrn OStD Manfred Birk
- **Eduard-Mörike-Gymnasium Neuenstadt am Kocher** bei
  Frau StD Sabine Bethke-Bunte
- **Hohenstaufen-Gymnasium Göppingen** bei
  Herrn StR Kerim Doosry
- **Neuen Gymnasium Stuttgart-Feuerbach** bei
  Frau OStR Bärbel Möller

Einige Beiträge erhielten wir von schreibfreudigen jungen Menschen außerhalb dieser Kurse. Die Altersangaben beziehen sich auf die Entstehungszeit der Texte.

Umschlaggestaltung: Ulrike Gierß und Ulrich Böhme mit dem Bild von Mariella Laubengeiger.
Zwischentitel: Philip Fritz, Laura Jäger, Kathrin Gutzeit, Laura Baisch, Philipp Schollenberger und Sabrina Guschlbauer vom Staufer-Gymnasium Waiblingen (vgl. S. 199).
Korrekturen und Layout: Antje Herrmann M. A., Freiburg
Satz und Druck: Sprint-Digital-Druck GmbH, 70195 Stuttgart

Alle Rechte bei den Autorinnen und Autoren. Die Vergabe von Nutzungsrechten erfolgt über den FÖRDERKREIS KREATIVES SCHREIBEN UND MUSIK e. V.

ISBN 978-3-88099-642-7 Verlag Hans-Dieter Heinz, Stuttgart